本书系 2022 年度北京市属高校教师队伍建设支持计
项目（项目编号：BPHR202203248）和北京市职业院校教师素质提升计划——
青年骨干教师培养项目（教师编号：054）的阶段性成果。

大数据视域下高校思想政治教育创新研究

袁　阳　秦诗雅◎著

北京燕山出版社

图书在版编目（CIP）数据

大数据视域下高校思想政治教育创新研究 / 袁阳，秦诗雅著 . -- 北京：北京燕山出版社 , 2023.11

ISBN 978-7-5402-7130-5

Ⅰ . ①大… Ⅱ . ①袁… ②秦… Ⅲ . ①高等学校—思想政治教育—研究—中国 Ⅳ . ① G641

中国国家版本馆 CIP 数据核字（2023）第 221157 号

大数据视域下高校思想政治教育创新研究

著者：袁 阳 秦诗雅

责任编辑：战文婧

封面设计：侯晓静

出版发行：北京燕山出版社有限公司

社址：北京市西城区椿树街道琉璃厂西街 20 号

邮编：100052

电话：86-10-65240430（总编室）

印刷：天津和萱印刷有限公司

成品尺寸：170 mm × 240 mm

字数：140 千字

印张：7.75

版别：2025 年 1 月第 1 版

印次：2025 年 1 月第 1 次印刷

ISBN：978-7-5402-7130-5

定价：46.00 元

作者简介

袁　阳　汉族，中共党员，法学博士、博士后，副教授，教研室主任。主要研究方向为思想政治教育理论与实践。已出版学术专著 3 本，发表学术论文 40 余篇。主持和参加 20 余项国家级、省部级和校级课题的研究工作。曾荣获第七届、第八届中国国际"互联网＋"大学生创新创业大赛北京赛区优秀指导教师，第五届中国"互联网＋"大学生创新创业大赛北京赛区青年红色筑梦之旅赛道优秀指导教师称号。

秦诗雅　汉族，中共党员，现任北京高校教师。曾在中外合资集团担任总法务及法律讲师，负责集团上市、投资、交易等法律事务，具有丰富的校企合作经验，入选中国战略人才库。曾获北京市党政征文一等奖、北京市党政演讲比赛一等奖、第七届中国国际"互联网＋"大学生创新创业大赛北京赛区优秀指导教师、学校师德优秀、年度考核优秀等奖项，共计 75 项。

前　言

随着互联网技术的飞速发展，社会正在经历一场关于大数据的信息革命。数据技术的进步使利用客观数据分析问题变得十分重要。在 21 世纪，数据已经成为解决问题的重要手段，其发展已经渗透到人们生活的各个方面。

传统的高校思想政治教育作为教育的重要组成部分，受到了大数据的严重影响，面临着新的挑战，需要发展新的方向和模式。作为知识创新的核心，高校要在收集、整合和合理利用相关的大数据技术方面下功夫。面对今天的学生，高校思想政治教育教师应该高瞻远瞩，充分利用大数据技术带来的机遇，对高校思想政治教育的主体、客体和教育效果进行全方位的创新，从而使高校思想政治教育工作落到实处。

在世界多极化、经济全球化、思想多元化和高等教育大众化的新形势下，高校思想政治教育面临着十分复杂的局面。传统的高校思想政治教育观念、内容、形式、方法、手段越来越不适应经济全球化的新趋势，不适应社会主义市场经济对人才的新要求，也不适应当代大学生自身发展的新需要。因此，增强高校思想政治教育教学的针对性、实效性、说服力、感染力成为大数据时代高校思想政治教育创新的重要任务之一，也是本书研究的意义和价值所在。

本书共四章。第一章为大数据视域下思想政治教育相关理论，主要内容包括大数据时代思想政治教育的内涵、特征、模式和大数据时代思想政治教育工作者的思维方式；第二章为大数据视域下高校思想政治教育的现状与问题，论述了当代大学生的思想、心理状况，当代高校思想政治教育现状、大数据视域下高校思想政治教育的基本问题；第三章为大数据视域下高校思想政治教育的基本原则、措施与机制，介绍了大数据视域下高校思想政治教育的基本原则、措施、机制；第四章为大数据视域下高校思想政治教育创新，进一步探究了大数据视域下高校思想政治教育的内容创新、方法创新、队伍创新、管理体制创新。

在撰写本书的过程中，作者得到了许多专家学者的帮助和指导，参考了大量的学术文献，在此表示真诚的感谢。但由于作者水平有限，书中难免会有疏漏之处，希望广大同行及时指正。

袁 阳

2023 年 2 月

目　录

第一章 大数据视域下思想政治教育相关理论

随着大数据技术的广泛应用，它已经成为一种全新的思想政治教育手段。相较于过去的思想政治教育方式，大数据媒介具有独特的特点，能够利用数据化、海量化、动态化、复杂化等技术手段呈现信息。这些特征为思想政治教育提供了更高效、更精准和更科学化的方式，但也带来了新的技术、复杂性和伦理方面的难题。因此，在大数据兴起的时代背景下，思想政治教育部门需要进行创新思考，构建一支新型人才队伍、创建行之有效的平台和规范体系，以应对新时代给教育带来的挑战，并跟上时代的潮流。

第一节 大数据时代思想政治教育的内涵

随着科技的飞速发展，人类社会正逐步迈入大数据时代的新纪元，我们的工作和生活方式发生了彻底变革，这促进了以数据为基础的科学研究理念和方法在各个领域的广泛普及。新的思想和技术不断涌现，对思想政治教育的研究产生了深刻影响，并且带来新的发展机遇和挑战。

一、大数据时代的思想政治教育

思想政治教育实践是人类社会采取的一种具体措施，其中蕴含着丰富多彩的历史和文化背景。思想政治教育可以充分利用大数据这一工具来实现以下三个方面的价值。

首先，更加真实的镜像反映能促进人们对思想政治教育实践的科学认识。大数据的本质是"镜像化生存"，即"以计算机、网络等硬件为基础的，以数字化数据及其运算来表征显示物质世界中各种真实关系的生存方式"。随着大数据的涌现，我们进入了一个崭新的"思考世界"，此中视野更广，更客观深入，促使我们可更为科学地研究人类的本质和演化。对于思想政治教育来说，进行深入细致的社会实践至关重要。当下，运用大数据技术可以为思想政治教育工作者提供有力的支持和帮助。在现代社会，人们越来越倾向于使用微信、微博和 QQ 等社交媒体平台来获取生活所需的信息。这些媒体所呈现的大量数据可以反映人们的生活状况和思维活动，通过深入地分析这些数据之间的关联，可以推动人们对思想政治教育的科学理解。

其次，随着数据资料的不断累积，思想政治教育的实践也在逐步朝着更加科学化的方向发展。随着大数据时代的兴起，人类的生产、思考和其他活动都以信息的方式被记录下来，并创造了一个全新的数字化世界。人们可以利用先进的数据处理技术，对自己的活动进行量化分析，以更科学的方式进行实践活动并有针对性地推进。中国传统文化重视非理性思维，往往不会采用定量分析作为主要科学研究手段。该趋势在整个文化体系中得到了明显体现。梁漱溟先生认为："西洋人从身体出发，而进达于其顶点之理智；中国人则理性早启，理智转被抑而不申。"[①] 在思想政治教育实践中存在一种不足之处，即过分强调整体性的理论阐述，缺乏详细而有力的证据和深入的分析。由于大数据具备大规模、多元化的信息，并且能够快速处理这些信息，因此，我们可以利用它来进行全面和及时的分析，预测思想政治教育的反应以及对思想政治教育产生影响的各种因素，从而提高思想政治教育的实践准确性、预测准确性和科学性。

最后，随着大数据时代的到来，思想政治教育的实践范围得以扩大，我们现在可以利用大数据来探索新的实践领域。利用大数据技术，我们能够在数字化世界中用数据的形式记录各种事物，不再仅限于传统的人际互动或人机互动。这种数字化的形式能够呈现出事物的数据化表现。我们在使用大数据技术进行教育实践的同时也需要面对大数据技术带来的一系列新的思想政治教育问题。"镜像世界"对人类的物质生产实践和精神生活方式产生了怎样的影响？当人们受到这些影响时，他们会在道德上做何取舍？如何确保大数据的完整性和准确性，以避免潜在的问题？这些问题需要思想政治教育工作者进行深入研究。因此，大数据时代的到来大大拓宽了思想政治教育实践的领域。

---

① 梁漱溟. 中国文化要义 [M].2 版. 上海：上海人民出版社，2011：258.

二、大数据时代对思想政治教育主体的要求

思想政治教育的主体是指在思想政治教育过程中，主导并实施思想政治教育认识活动和实践活动的个体或集体，其是思想政治教育的承担者、发动者和实施者。随着大数据时代的到来，思想政治教育也出现了全新的教育模式，其责任、促进和执行主体既有教育个体，也有教育集体。详细地说，思想政治教育需要许多实体共同协作，其中包括国家、政党、组织以及其他集体机构，同时还需要参与其中的教育者和受教育者等个人实体。大数据时代，为了确保思想政治教育的有效性，每一个主体都需要积极发挥自主权和能动性，以获取更加理想的教育结果。

（一）教育者

1. 教育集体

在当前这个大数据时代，拥有优秀的数据处理能力已经成为国际竞争中的关键要素。精通海量数据处理技术直接关系到一个国家的软实力和综合国力。我们需要全面理解大数据的创新性和重要性，以提升我们的大数据能力，并积极利用大数据的优势。随着大数据时代的到来，我们需要积极调整思想政治教育实践，以适应时代的发展趋势并应对挑战。为了推进思想政治教育的健康发展，我们需制订科学合理的战略计划，并积极建立相关技术平台。通过加强制度建设，我们可以有效地推动社会组织自我完善和壮大，并激发群体的积极性。国家、学校等思想政治教育集体应发挥其主体性，努力完善当前思想政治教育的人才培养制度，并组建一支能够适应大数据时代需求的思想政治教育者队伍。

2. 教育个体

大数据时代背景下，思想政治教育工作者要更加主动地开展思想政治教育工作，需要在多个方面提高自身的素质，包括但不限于加强数据能力、提升政治素养。

对大数据的理解和应用能力被称为数据能力，这种能力的显著特点是对数据的认识和理解。随着大数据时代的到来，数字化已经在全球范围普及，成为信息化发展的主要趋势。思想政治教育工作者必须将这种趋势视为重要的考虑因素。作为大学生思想政治教育工作者，他们需要具备出色的数据分析技巧和优秀的思

维素养，以便更有效地利用数据揭示世界和人类本质的深层次含义。对数据的解析与运用是数据能力的重要组成部分。随着大数据时代的到来，我们每个人都在积极地建立一个数字化的世界。为了更深入地理解思想政治教育的实践情况，我们需要深入研究各种政治教育要素之间的相互关系和内在联系。这样，我们就能更好地理解和应用这些要素，从而提高我们的教育实践效果。数据分析已经成为一种重要的研究方法，它为思想政治教育的研究范式带来了深远的影响。大数据本身蕴含的巨大价值使思想政治教育工作者必须建立新的研究范式，这种范式将定性研究和定量研究相结合，以适应大数据时代量化研究的新趋势。我们需要充分利用定量研究的优势，实现思想政治教育研究范式的创新，从而推动思想政治教育实践的发展与进步。

政治素养，包括政治方向、政治观点、政治立场、政治责任感、政治鉴别力和政治敏锐性等多个方面。思想政治教育主体政治素养的高低决定了思想政治教育实践的方向正确与否。科技与政治紧密相关，大数据作为一项新的技术成果更是如此。数据已经成为实现国家战略的重要组成部分，不可或缺。在面对这一挑战时，思想政治教育工作者需要具备更高水平的政治素养，要坚定地秉持马克思主义的立场和观点，深刻领悟大数据兴起涉及的政治背景。

为了有效地推进德育工作，思想政治教育工作者要通过多种方法提高自己的思想修养以完成教育使命。在这个数字化时代，思想政治教育工作者需要掌握先进的数据技术，以深入探索和应用思想政治教育实践的规律。在大数据时代，思想政治教育工作者首先需要利用大数据技术来理解和分析思想政治教育的现状和趋势。他们需要具备良好的政治素养，以确保自身的专业性和公正性。他们必须运用自身的专业知识和技能，以实现思想政治教育的目标。

随着大数据时代的到来，思想政治教育工作者需要适应这个时代的变化，全面了解大数据对思想政治教育产生的影响。在这个过程中，他们需要研究和解决思想政治教育中出现的问题，利用科技手段积累经验，总结思想政治教育实践的经验和规律，以提升思想政治教育的实际效果。

总的来说，大数据时代为思想政治教育带来了新的挑战和机遇。思想政治教育工作者需要不断学习和适应，以便更好地服务于社会和人民。

（二）受教育者

在教育过程中，不同阶段的受教育者对思想政治教育表现出的积极程度将对教育效果产生影响。在当前这个数据大爆炸的时代，自我学习和教育已经成为极其关键的技能，可以有效提升个人的思想政治素养。

受教育者需要深入了解数据的特性，并且运用各种技术手段来提高数据应用能力。只有通过深入挖掘和分析数据，才能获得更全面的数据信息，并准确地认识我们生活的世界。在思想政治教育实践中，受教育者需要深刻理解自我教育的重要性。在大数据时代，他们不仅要面对各种挑战，更需要保持自我主体性，积极主动地应对这些挑战。他们应该利用大数据提供的资源和机会，提高自我教育的效果，以更好地适应社会发展的需求。

第二节　大数据时代思想政治教育的特征

在个人的成长和进步过程中，思想政治教育的作用是至关重要的，它为个人未来的发展奠定了坚实的基础。为了使思想政治教育工作产生更大的效益，我们需不断跟随时代发展的脚步积极适应新的变化，敢于接受创新和改变，并提升思想政治教育工作的水平，以更好地推动思想政治教育工作的实施。随着时间的推移，我们逐渐认识到大数据已经深入我们生活的各个领域，成为一个不可忽视的重要因素。新兴技术如物联网和云计算的发展使大数据技术成为信息时代的重要标志。越来越多的人开始意识到大数据的重要性，并在各个领域广泛应用。

在思想政治教育领域，我们可以利用大数据技术收集和分析大量数据，以便更精准地了解学生的需求和现状，优化和调整思想政治教育的内容和方式，推动思想政治教育科学、高效地发展。随着大数据技术的不断发展和深入，我们需要进一步研究和实践大数据在思想政治教育中的作用。我们必须关注并重视这个问题，以便更好地利用大数据技术优化思想政治教育过程，提高教育效果。

一、新浪潮：大数据时代的到来

在这个充满信息和知识的时代，我们所处的环境与以往截然不同，这是一个后现代的时代。大数据时代科技革新的推进方式令人印象深刻。尽管我们还没有充分了解信息领域中的万维网、Web 2.0 等，但大数据的浪潮已势不可当。数字化和互联网的普及使电子信息行业影响深远，它已成为全球各个领域、地域和文化中不可或缺的关键角色。以创新为驱动力，引领社会发展，已成为推动社会变革的重要力量。当前，大数据战略已经成为全球发展的引领者，为我们提供了巨大的优势。

大数据可以通过汇集和解析大量的信息，为我们提供一个更加全面和详细的视角，使我们更深入地理解人类行为和决策的背后的复杂性。它不仅提供了丰富的信息，还揭示了隐藏在数据背后的模式和趋势，从而帮助我们更好地理解和预判人类的行为。信息的采集、展示和处理过程涉及众多参与者，每个人都有独特的动机和价值观。由于环境中存在大量信息和认知上的不确定性，那些被称为"有限理性"的个体容易受到信息过载的干扰。中国目前正向着信息化社会迈进，但传统信仰受到了众多不相关信息的干扰，这使人们更加积极应对大数据时代所面临的挑战，并意识到这是解决混乱问题的必要前提。

二、新变化：思想政治教育的大数据特征

随着大数据逐渐成为现代和后现代社会的重要概念，我们以此为切入点，探究现代思想政治教育的变革。为了追求更加科学、现代化和高效的思想政治教育效果，必须利用数据资源并推进数据共享，以改进思想政治教育的方式和手段。在当今信息大爆炸的时代，人们应该如何从竞争中脱颖而出呢？怎样才能培养正确的价值观念？怎样让自己保持思想清明，不受邪恶力量的影响，同时在遇到困难时坚定不移？解决这些问题需要进一步加强思想政治教育，深入挖掘和整合思想政治教育领域的资源。

（一）思想政治教育主体被大数据信息包围

在各个社会层面上，推广思想政治教育被广泛视为一项至关重要的政治与社会化教育任务。通过这种方式，人们能够培养出社会责任感，勇于承担责任且保持底线，这些品质是主体理念实现的必要手段。思想政治教育在主体性教育中起着极其关键的作用，旨在激励学生自发、自主地实现和完善自我。这也表明了学生个体意识觉醒和政治社会化的重要性。

在中国改革开放的浪潮下，信息化社会不断向前推进，我们的生活和思想已经发生了天翻地覆的变化。大数据贯穿整个社会生活，为人们的工作、生活和娱乐带来了多样性、丰富性和多彩性，形成了一个丰富多彩的世界。了解各个国家的历史、文化、社会结构和发展方式等因素，可以帮助我们更好地理解不同民族的独特意识观点、文化含义和对于具体问题的独特看法。随着大数据技术的普及和应用，我们需要拓宽视野，相互容纳，彼此学习，充实我们的知识储备，以应对各种挑战。

在信息大量涌现的时代，人们需要以一种能够启迪和激发思考的方式来理解数据。随着大数据的普及应用，中国社会也逐渐出现了多种不同的西方社会思潮，更加具有个性化的特点。这涵盖了多元的价值观与开放的价值倾向。随着时间的推移，我们越来越倚重数据，头脑更为灵活，文化活动更加丰富多彩，社交环境更加包容开放，行动场景更加多元，从而带来了对于权威理解的多样性。这些问题已经超出了传统的认知框架，无法用传统的理论和思维方式予以涵盖和阐明。随着大量数据信息不断涌现，人们在面对敏感事件时，往往无法确定真假，导致无法做出选择。由于每个人都拥有独特的思想和看法，将他们聚集在一起变得相当复杂，这可能导致信念上的混淆、认知上的困惑以及道德上的矛盾。

（二）思想政治教育客体受到大数据信息的冲击

传统的思想政治教育的目标是通过向人们灌输特定的意识形态来统一社会观念、引导社会趋势并控制意识形态高地。随着大数据时代的兴起，传统的思想政治教育正面临严峻的挑战。受教育者和教育者接收的信息数量趋向平衡，因此这种挑战变得尤为严峻。在当今信息化时代，受教育者获取知识不再受限于单一的教育者，而是可以通过大数据平台接触他们感兴趣的人和观点。这些观点往往存在差异，因为每个人都有自己独特的思维方式和获取信息的渠道，他们代表了各自所属的群体。在面对难以分辨真假的信息时，受过教育的人往往会采用基于工具理性的思维方式。为了真正理解大数据的本质，受教育者需要在思想政治教育者的引导下，发展出自己的筛选方法，以克服过分依赖工具逻辑可能带来的影响。

网络中存在的一些潜在风险和隐患，源于大数据技术的一些缺陷。大数据技术的快速发展使得互联网已经成为人们生活中不可或缺的重要组成部分。随着大数据时代的到来，互联网信息安全管理遇到了新的问题。如果缺乏道德观念，大数据和超文本链接领域可能会出现问题，这可能导致正面信息被扭曲、删除或攻击，从而影响了信息的准确性，并干扰受教育者获取知识的过程。

（三）思想政治教育过程受到大数据信息传播的干扰

我国的思想政治教育旨在通过启发和引导思考来影响社会主流价值观，推进社会思想进步，同时鼓励人们坚定信仰并践行社会主义核心价值观。它是政治社会化的一部分，具有重要的使命。我们要意识到，人类的思维是复杂而庞大的系统。这个系统中涉及的概念和想法都是通过整合和分析大量数据而形成的。随着大数据的快速发展，我们的认知和思维方式也在逐渐转变，建立了一种适用于不确定环境的特殊理论框架。如果仅仅使用数据来进行思想政治教育，而没有相应的理论支撑和指导，那么这些数据就可能呈现高速度、时序性和多种数据类型的特点，这会给整个教育过程带来干扰。思想政治教育的宗旨是通过与人交流、激发思考和拓宽视野等手段，使受教育者更加认同主流思想，并推进信息传播和深度思考。随着大数据时代的到来，信息量迅速扩大，信息传输速度也日渐加快，使得我们更难以确定问题思考的准确性。大量的重复信息源源不断地涌现，导致信息传递中的自相矛盾问题，我们可以借鉴信息流动的通用模式来提升思想政治教育的成效和质量。

三、新要求：思想政治教育的大数据应对

我们必须对大数据快速发展带来的潜在威胁保持高度警惕，为了确保国家和社会的安全，我们需要采取必要的行动，维护我们的主流意识形态和思想。随着信息技术的不断进步，我们应当根据大数据时代的特性和要求，不断加强思想政治教育，以适应和克服大数据带来的各种挑战，用科学的方法深入探究思想政治教育在大数据处理中所能抓住的机遇。

（一）牢固树立起大数据时代的思想政治教育观念

随着新一代智能信息技术的快速发展，人们的思维和生活方式正在发生翻天覆地的变化。随着互联网和信息技术的广泛应用，传统的单向教育方式已无法满足现代社会发展的需求，我们的教育方式正逐渐改变。当多个不同来源的信息产生互相矛盾的情况时，人们很难取得共识，因为他们不知道哪种信息是准确的。

在现代社会，意识形态已经变得至关重要，并在大数据时代扮演着重要的角色，成为一股不容忽视的力量。为了应对当前的挑战，我们需要利用现代化技术手段提升思想政治教育的品质和效能。随着数字化和媒体化时代的发展，我们需要积极融入大数据理念和技术，建立高效的数据处理系统，并招募有经验的技术人才，以便在舆情监测方面对海量信息进行过滤、分析以及合理应用。我们需要深入探究大数据对思想政治教育产生的影响，并时刻关注它对社会产生的影响。我们需要时刻更新自己的思维方式，充分认识数据的重要性，并积极倡导和应用大数据技术，以此作为推进思想政治教育的有效手段。

（二）深入挖掘大数据时代的思想政治教育资源

随着数字化时代的发展，互联网已成为一个充满活力、充满挑战，同时也是最繁忙的教育工具。互联网已渗透到我们生活的各个领域，特别是对于当代大学生来说，新兴的媒体如移动互联网已经成为他们的首选。在这样的环境下成长的年轻人，会越来越依赖于这些新技术。

随着大数据和网络化思维的广泛应用，我们发现传统的强制方式已经难以满足人们日益更新的需求。我们需要重新审视思想政治教育的方式。我们应该主动介入大数据领域，利用技术手段有效地收集、整理、分类和分析海量数据信息，从中过滤出有价值的内容，进而深入了解受众需求，准确掌握他们的情况。

（三）科学运用大数据时代的思想政治教育方法

想要深入理解思想政治教育的本质，我们需要融合各种领域的知识，运用多种研究方法，并利用大数据技术进行透彻的分析：为了跟上数字化研究不断进步的趋势，我们需要创新网络思维教育研究方式，综合考虑宏观和微观层面，同时深入分析和挖掘详细数据。我们需要以宏观的视角去审视整个群体，并深刻领悟其思维方式，钻研群体事件的内在联系和运行规则。我们可以从微观角度运用大数据思维，有目的性地分析个人的行为模式和心理状态，聚焦事件和行为，为开展教育和引导活动提供科学支撑。

为了充分利用大数据的价值，我们需要整合各种资源，以适应信息时代大数据和碎片化信息的多元化发展趋势。我们要增强应对时代变革的适应能力，就需要打破刻板的思维模式，重新整合资源，进行科学分析并确定教育的关键领域。

除此之外，进行大规模数据相关性分析，以研究网络思想政治教育的预测效果，也显得十分重要。

（四）理性把握大数据时代的思想政治教育环境

随着大数据时代的兴起，我们能够获得更丰富的信息资源和更多表达观点的机会。此外，还出现了一个全新的言论领域，其中涉及大数据。在此领域中，关于大数据的观点是由多种观察和主观意见相互交织而形成的。因此，信息传递已经成为一种客观存在的意识形态现象，需要处理大量的数据。

在当今社会，大数据已经成为人们生活中不可或缺的一部分，它不仅真实地描绘了社会现实，而且深刻地展现了人们在这个广袤领域内真实的姿态。随着大数据技术与互联网的迅速融合，我们的日常生活发生了翻天覆地的变化。这种结合给传统的意识形态带来了一种新的影响和考验。要彻底领会大数据和意识形态之间的关系，首先要揭示大数据所具有的意识形态影响力。大数据技术的不断发展推动了人们认知方式的变革。由"以物为本"转向"以人为本"，再到"万物互联"，这一切都在不断发生着。信息时代，教育界可以利用大数据平台来识别信息并查明其来源，从而确立正确的"信息资源观"和"信息价值观"。这为提高教育质量奠定了基础。此外，教育工作者还可以运用适当的数据测量技巧或软件工具等，对数据进行统计分析，以识别大数据中蕴含的思想政治教育价值，并揭示事件间的相互关系、推断事件的发展趋势，最终协调教学内容与实际需求，从而提高教学质量。

第三节　大数据时代思想政治教育的模式

现今社会对人才的需求对高校现有的教学理念和方法提出了更高的要求。鉴于大数据时代所带来的挑战，高校教育者应主动尝试寻求新的教学方式，运用创新思维模式、教育机制和教学方法。此外，强化对学生的思想政治教育也是至关重要的，这有助于培养符合时代要求的高素质人才。

一、大数据时代对高校思想政治教育的影响

大数据时代的到来是信息社会发展的必然结果。在大数据时代背景下，高校思想政治教育呈现出新的发展特征：高校思想政治教育的主客体更全面，高校思想政治教育的内容呈现多样性与相关性，高校思想政治教育内容是"数据化"的。同时，大数据时代也对高校思想政治教育工作提出了新的要求。所以高校应该正确认识大数据时代给高校思想政治教育带来的影响，进而提出相应的对策，切实提升思想政治教育水平，为学生的全面成长创造适宜的条件。

（一）使传统教育内容得到快速更新

虽然广泛应用思想政治教育已成为教学常态，但是一直未能取得明显的成效，未达到预期水平。当前一些大学生对自己的学习与生活充满了疑虑和不确定感。如果思想政治教育没有及时更新，学生在精神层面的认知水平则无法通过学习来提高。随着科学技术的不断进步和发展，我们迎来了一项新的信息技术——大数据。这项技术目前在不同的行业和领域得到了广泛的应用。大数据技术为高校思想政治教育提供了多样化的内容选择。这项技术可以通过捕捉学生的认知和行为模式，挖掘一些有价值的信息，如社会热点话题等。这些挖掘出的信息可以被运用于思想政治教育，为教育提供更综合、更有力的支持。

（二）进一步优化了传统教育体系

随着时代的进步，高校的学生需要接受更全面、更新的教育方式，以充分发挥他们的潜力和优势，促进其全面成长。大数据已成为构建和进一步完善新型教育系统的有效工具。高校应该积极地运用已有的教学资源，包括丰富的教学素材、先进的互联网技术和其他教学工具，将信息技术有机地融入教学实践中，以不断提高教学质量。

（三）使传统教育方法突破了固定单一的局限

在传统的思想政治教育方式下，学生缺乏与教师之间的互动交流，教学过程由教师主导，学生只能被动地接受知识，难以激发他们的积极性。将大数据技术引入思想政治教育，采用创新的教学策略调整学生情感和日常生活，可以有效激发学生的学习热情。

二、大数据时代思想政治教育模式的创新

随着大数据时代的到来，我们的生活方式发生了巨大的转变。在这个背景下，思想政治教育面临前所未有的挑战和压力，因此需要不断革新。大数据具有包含海量数据和高维度数据等特征，因此它所呈现出来的性质是多种多样的。传统的高校思想政治工作面临着极其严峻的挑战，在当前信息爆炸的社会环境下，如何有效地进行高校思想政治教育已经成为教育界的挑战。高校教育工作者需要积极创新教学方式，建立特色教学模式，并关注思想政治教育，致力于培养具有时代精神的高素质的优秀人才。

（一）树立思想政治教育的新意识

高等院校的思想政治教育工作者可以利用科学和有价值的数据充分获取有益于提升学生信息素养和综合素质的教学资源，从而促进思想政治教育的不断发展。当前处于大数据时代，高校思想政治教育面临着多种形形色色的挑战。我国的高等教育机构正在努力尝试将信息技术融入教学过程中，创新教学模式，借助数字化工具提高知识传授效率。教育工作者应该认真剖析数字化时代的特点，重新思考如何进行思想政治教育，推陈出新。只有这样，才能帮助学生在海量信息时代不断提升自己的认知水平，加强数据分析能力，提高信息处理能力。除此之外，还需精心组合资源，将信息加工制作成符合学生兴趣爱好的教学内容，以提高思想政治教育的效益，同时也能获得优异的教学成果。

（二）建构思想政治教育的新机制

在当今这个大数据时代，我们需要以理性的态度来应对信息过载和数据技术的不可忽视的重要性。为了解决当前面临的问题，我们将积极寻找与思想政治教育相关的素材，并根据学生的个性，创新出一组行之有效的教学方法。为了引导学生形成正确的价值观，我们应该积极运用科学预测方法来了解学生的思维倾向和情感变化，并据此做出适当的引导。在这个过程中，我们可以采用一些策略来应对信息过载和数据冗余的问题。例如，利用智能算法和工具，筛选和过滤掉不相关或低质量的信息；对于大量的数据，进行数据清洗和整合是必要的；利用数据分析和挖掘技术，从海量数据中提取有用的信息；利用自动化和智能化工具来处理大数据等。这些策略可以帮助我们更好地处理和利用大数据时代的资源。

（三）开创思想政治教育的新方式

随着数字化时代的到来，我们需要探索新的思想政治教育方式，以适应社会的迅速发展和人们不断变化的需求。在高校思想政治课堂中，使用网络作为一种新的媒介已经被证明是一种有效的方式。教师可以通过引导、汇总和审视学生的情况，确定教育目标并选择适合的教学方式。这样的思想政治教育方案可以促使学生成为主体，同时建立起师生思想上的共鸣。

我们可以在校内建立一个"思想政治信息平台"，用于收集与学生的思想政治教育状况相关的数据。通过对数据进行整理和综合分析，可以更加准确地了解当前思想政治教育工作面临的问题。这些数据分析结果有助于实施更具策略性的高校思想政治教育，并可为未来制定决策提供科学的依据。

由于网络信息技术的快速发展，我国高校的思想政治教育正面临着空前的挑战。这一挑战催生了新型教育观念和教学方式的涌现。广泛应用大数据分析技术有力地促进了高校思想政治工作的提升和改进，进一步增强和改善了高校思想政治工作的质量和效果。教育工作者需要不断提升和改进自己，以拓宽专业视野和提升个人素质，引导学生接触到更多的实际需求和更深入的思想政治学习内容。利用数据信息技术和资源，积极推动高校思想政治教育的进一步发展和完善。例如，我们可以使用数据分析工具来分析学生的学习情况，了解他们的学习需求和兴趣点，以便更好地制订教学计划和教学策略。此外，我们还可以利用在线资源和数字化工具来创新教学方法，如在线课程、虚拟实验室、数字化图书馆等。这些工具可以帮助我们更好地满足学生的需求，提高教学效果，并为学生提供更多的学习机会和资源。

第四节　大数据时代思想政治教育工作者的思维方式

借助大数据分析技术，思想政治教育工作者可以拥有创新的思维方式和工作方法。随着大数据的兴起，我们正经历着一场深刻的时代变革，这种科技和思维上的变化对于思想政治教育来说是至关重要的，因为它在引领我们的思维方式转型方面扮演着重要的角色。通过利用大数据这一全新且高效的工具，思想政治教育得到进一步加强和深化。大数据革命的兴起已经引起思想政治教育研究和实践方式的明显变化，这一观点是毋庸置疑的。全球大数据权威专家维克托·迈尔－舍恩伯格指出，大数据将催生出三种革新性的思维方式。首先是对全体数据进行分析，而非仅仅基于片面的样本进行分析。这种方式能够帮助我们更全面地了解问题，并且预测未来的发展趋势。其次，我们将把重点放在包含多种成分的事物上，而不会过分强调它们的精确性。最后，重点在于如何处理信息缺失和信息不对等的问题。我们强调的并不仅仅是简单的因果关系，而是一种相互关联的关系。

为了跟上大数据时代思维变革的步伐，我们必须彻底解决思想政治教育思维方式中根深蒂固的问题，并着重推进由样本思维向整体思维、由因果思维向关联思维、由精确思维向模糊思维的转型。

一、由样本思维转向整体思维

大数据分析旨在创建一个全面的数据模型，综合考虑所有样本，以获得整体性洞察。换言之，统计推断是从样本中提取信息，通过对个体的分类和估计对总体进行研究和推断。在先进的数据处理工具未普及之前，传统的统计学方法主要通过随机抽样来处理数据，这一方法一直在数据处理领域占据主导地位。在这种情况下，人们往往会将样本数据作为总体数据的代表，从而产生了样本思维。然而，在大数据时代，人们可以获得与分析更多的数据，甚至是与之相关的所有数据，而不再依赖于采样。因此，思维方式也应该从样本思维转向总体思维，从而能够更加全面地把握全局。总体思维是社会科学研究社会现象的总体特征。在大数据时代，我们可以更好地利用大数据资源来进行总体思维，从而更好地认识和把握社会现象的总体特征。

（一）何谓样本思维和整体思维

样本思维是一种认知方式，它将整体视为由各种不同元素构成的复杂系统。通过从整体随机选择一部分样本，并深入分析它们的特性和关系，可以更全面地理解整体的结构和性质。这种方法有助于提高对大型复杂系统的认知水平。整体思维是一种方法，用于组织和分析不同的事物，并深入研究它们的属性和特征。

样本思维的认知方式是从局部元素逐步推导出整体系统，从个别现象逐步推广到普遍规律的思维方式。样本思维注重对个别对象的理解和认知，而整体思维则更注重研究整个世界的全貌以及内在的联系和结构。这两种思维方式都是从宏大视角出发进行思考的。相对于样本思维，整体思维把整个系统作为一个不可分割的单元来研究，而非只研究其中的部分或样本。整体思维强调全面考虑和系统分析，以避免忽略任何一个部分或因素。通过全方位地了解整体情况，采用综合性的思考方式，能够提升认知的层次。借助这种思维方式，我们能够从一个全面有序的角度去研究外部世界。整体思维是一种认知方式，它以整体为核心，从宏观到微观、从系统到要素、从一般到个别的认知过程中，让我们更好地理解事物。

在数据量较少的年代，由于难以对所有数据进行全面研究，人们只能对部分数据进行抽样分析，以期推断整体情况。这种方法的理念认为只有对部分有正确的认识，才能准确地理解整体。这种做法缺乏科学性和广度，存在局限性。随着大数据时代的兴起，人们能够轻松地获取海量的数据信息，借此达到"以小见大"的目的。这意味着我们能够通过对涉及某一特定事物的全部数据进行分析，得出更为全面、系统的观点。

在过去的思想政治教育理论研究和实践中，人们过于关注个别案例的思考方式，而忽略了整体性思维的重要性，这一倾向相当普遍。但是，调研者的个人主观性和调查方法的限制会导致样本数据并非百分百准确可靠。为了了解特定群体的心理状况，通常会采用多种手段，如对部分受访者进行问卷调查、随机采访和个案访谈等方式。接下来对所收集的样本信息进行分析，得出研究结论。尽管该方法有助于处理数据，但无法阐明事物之间的根本联系。因此，通过巧妙的手段，样本对象扮演了其他所有对象的角色，并表现出了自己的特征。这也是人们经常把特殊情况归纳到普遍情况或推断一般规律的做法。为了革新思想政治教育的方式和方法，思想政治教育工作者通常会在一小部分人身上做试验性尝试。如果这些探索成功了，他们就可能会过度地归纳、泛化个别经验，误认为是普遍经验，然后尝试将其推而广之。这种方法可以避免受教育者感到厌烦，甚至能够促进思想政治教育工作者从这些特殊教育方式中获得启迪与借鉴。然而，这种方式进行的思想政治教育并没有带来实际的好处。

在思想政治教育领域，通常会出现很多个人特点的差异，这些特点有明显的不同之处，同时也有一个普遍的矛盾，即个性与共性之间的矛盾。案例教育是一种常见的思想政治教育方法，其实施方式是通过引用具有代表性的典型案例来实现的。然而，广泛适用于非传统教育实践的典型案例十分罕见，难以推广和影响大多数情况。

（二）为何要由样本思维转向整体思维

在思想政治教育领域，样本思维的应用具有局限性，因为其无法全面准确地反映被调查对象的实际情况。只依赖于随机抽样调查所获得的思想信息是不够全面的，不能完全反映客观真实的情况。要获取更全面的信息，我们需要对样本进行深入的研究。此外，由于样本调查的范围限制较大，可能存在误判或漏掉最适合成为样本的人员，也有可能会忽略一些非常重要且紧急的思想信息，因此存在较大的随机性。

一般认为，整体思维是一种成功的思维方式，可应用于思想政治教育领域。通过综合性思考来进行思想政治教育，能够让我们更加充分地认识到学生的综合素质，同时也有助于我们更加系统和全面地理解教育环境，也可以实现因人而异、因时而变、因情而导的思想政治教育目标，进而加强基础结构，保障教育的完整性。如果思想政治教育工作者的素养和工作水平能够得到提升，那么在相同的背景和条件下，教育效果会变得更好。深入研究大量思想信息可以让我们准确预测受教育者的思维和行为倾向，同时也能够揭示潜在的思想难题。这可以帮助我们提前制订具有前瞻性的思想政治教育计划，以避免潜在问题出现。

（三）如何由样本思维转向整体思维

首先，必须优先获得完整的思想信息，这是非常重要的。其次，需要挑选出有价值的思维内容，这些内容可能会被淹没在海量的思考材料中。为了确保思想信息的准确呈现，大数据整体思维采用了多种方法，包括多样化、全面性和多渠道地采集信息等，以确保信息完整、精准地呈现。在大数据时代，思想政治教育的重要性变得更加突出。通过运用大数据存储和分析技术，将之前和最新获取的思想信息相结合，以便研究其演变历史。这些思想信息内容的重要之处，在于帮助人们更深刻地认识当今社会占主导地位的思维趋势和文化意识形态。通过运用大数据采集平台和智能终端设备，开展网络调查和思想数据搜集，以识别教育受众在网络生活中所涉及的思想主题。创建一个有机的信息网络，将多种不同来源的思想数据结合在一起，其中包括历史和现在、样本和非样本、在线和离线，以及显性和隐性的信息，从而实现信息之间流通互通的无缝连接。

高校思想政治教育工作者应全面深入地审视思想政治教育的受众，从而更好地为他们提供服务。要更深刻地理解思想政治教育工作，必须将教育对象看作一个整体来进行思考。在现代社会中，大数据已经成为人们生活中必不可少的一项重要元素。在数字化时代，绝大多数人都会在互联网上留下自己的数码痕迹。这些数据信息可以被用来准确地追踪个人的言论和活动，并且是非常可靠的。因此，研究如何使用大数据分析工具来抓住并理解教育目标的思维转变趋势至关重要。我们可以借助大数据监测和追踪技术来全面记录教育对象的各项数据信息，汇总他们在不同时间地点、在学习的不同阶段所展示的想法、行动和心态。我们可以将"数据画像"和"数据还原"巧妙结合在一起，通过对"数据画像"和"数据还原"的周密研究和分析，我们可以更深层次地理解他们日常思考的内容、情感、态度和价值观。

二、由因果思维转向关联思维

大数据分析的一个重要特点是，只需要知道"是什么"就可以了，没必要知道"为什么"。也就是说，人们不再关注普遍联系的事物的"因果关系"，转而关注"相关关系"。在进行思想政治教育的时候也应当如此，找到事物之间的关联物比找到事物之间的因果关系更加重要。

（一）何谓因果思维和关联思维

可以简单地把因果思维理解为通过事物之间的因果关系来认识事物的一种思维方式，因果思维认为需要从结果找到原因并发现规律和真理。关联思维指的是主要根据事物之间的相关关系对事物进行认识的一种思维方式，关联思维认为事物与事物之间并不存在因果关系，可以通过关联分析认识规律，揭示真相。

在人们的脑海中，因果思维方式根深蒂固，人们在面对问题的时候，喜欢问"为什么"，在认识事物的时候不愿意仅仅"知其然"，更愿意"知其所以然"。思想政治教育理论工作者也会受到因果思维的影响，基本上形成了"是什么—为什么—怎么办"的研究模式。在整个研究过程中，对于"为什么"的探究是中心环节，有着承前启后的重要作用。但是，对于因果关系的过分执着会导致思想政治教育研究变得过于理论化，变成从原理到原理、从理论到理论的逻辑推演工作，变成了从现象看本质的思维游戏或从结果找原因的工作，导致简单的问题朝着复杂化的方向发展，原本清晰的问题也变得更加模糊。思想政治教育实践工作者通常认为，人们的思想形成和行为表现都有其根源。他们会花费大量时间寻找导致问题发生的先决条件，也就是寻找"前因"，对于可能出现的原因进行大胆的假设与求证，试图通过一系列相互关联的因果关系找到有价值的线索，追根溯源，解释问题的本质，并提出切实可行的解决方案。如果无法找到有价值的线索或无法解释事物的因果关系，他们就会变得困惑和无助，导致思想政治教育工作中断或停滞。

（二）为何要由因果思维转向关联思维

第一，这是考虑到思想政治教育研究对象的复杂性所做出的转变。研究思想政治教育会涉及人类思想这一复杂领域。就思维结构而言，"广义的思想是知、情、意、信的有机整体"，这种有机的统一性并非引起与被引起的因果联系，而是具体表现为相互之间的内在关联。换句话说，知、情、意、信任意一个方面的变化都不一定会对其他方面产生影响，就算出现变化也不一定是由其他方面的变化引起的。影响思想的因素有很多种，会出现"一果多因、一因多果、多因多果"的普遍情况，因此，无论是从"前因"推断"后果"，还是从"后果"找出"前因"，都面临着非常大的困难。如果从思想形成角度以及思想的发展规律来看，有的会表现为线性的、简单的因果关系，有的会表现为非线性的、繁杂的相关关系。有的情况可以通过因果分析得出结论，有的情况则需要依据相关关系才能判断，这两种情况是不同的。

第二，这是基于大数据时代思想信息的特点所进行的考虑。首先，思想信息在数量上非常庞大，使用因果思维分析海量的思想信息是不切实际的。然而，我们可以通过比较海量数据之间的关系，发现思想数据之间所具备的相关关系。其次，思想信息有着多种多样的类型，不仅包含结构化的思想信息，还包含半结构化的思想信息，也包含非结构化的思想信息，因此，从杂乱的思维信息系统中梳理出因果关系需要耗费大量的时间和精力。最后，思想信息的变迁速度惊人，新的思想信息可能很快就过时，因此我们可以说"没有最新的思想信息，只有更新的思想信息"。快速更新的思想信息需要我们考虑更多变量进行因果分析，同时也意味着以前的结论可能会因为新的论据的加入而失效。

第三，这一改变主要源于对大数据时代的思想政治教育挑战的深思。在大数据时代，社会上涌现出各种思想倾向、道德标准和价值观念，这些倾向和观念通过大数据媒介逐渐渗透进人们的思想和行为之中，对教育对象的思想和行为产生了深刻的影响，增加了教育的不确定性和难以控制的因素。尽管我们可以通过因果分析来揭示潜在的思想危机，但这一过程非常复杂，需要耗费大量的时间和精力，而且周期长。这种方法并不能满足快速反应、及时决策的需要，而由此得出的结论可能因为时间推移而失去其参考价值。相反地，如果我们使用关联思维来进行思想信息分析，不仅可以提高分析效率，还有助于从看似无关的思想迹象中发现潜藏的思想问题，及时给予受教育者思想上的关注，对思想趋势进行准确预测，并提前做好应对措施。

（三）如何由因果思维转向关联思维

第一，改变我们以往注重因果关系的思考方式。基于因果关系对思想行为的发生以及演变进行的分析，有时候会误入思想分析的歧途，因为思想行为的"因"和"果"的关系并非总是简单匹配或一目了然。在这种情况下，如果转变一下思考方式，改变思维习惯，以关联关系为分析基础，也许会更容易地发现和解决问题。在大部分情况下，对于思想政治教育者来说，首先需要以相关迹象为线索，提前进行思想干预和思想疏导，而并不是进行因果式的思想诊断。换句话说，对于因果关系不需要过于纠结，可以暂时搁置"为什么"的问题，先关注问题本身及其相关关系，关注"是什么"，然后直接思考如何解决这个问题，也就是"怎么办"的问题。这样可以使思想政治教育从事后补救转变为事前预防，同时也能够提高解决问题的效率。

第二，对于相关关系保持高度的敏感性。进行关联思考的基础是捕捉相关关系，这需要思想政治教育者有高度的敏感性，能够从看似毫不相关的事物中发现内在联系。通过运用大数据统计技术，比较教育对象接受教育前后的思想信息数据，分析哪些方面与思想变化相关，并探究哪些因素对思想政治教育效果有影响。这样可以找到一些思想政治教育尚未关注的重要突破口和关键着力点，从而针对这些方面进行进一步的深入研究。利用大数据情境再现技术和模拟技术，对在不同情境下教育对象的情感反应和言行差异进行研究，以便探寻思想政治教育与情境创设、氛围营造之间的联系，并进一步优化情境，完善相关细节。除此之外，需要认真关注 QQ 空间、网络日志、微信、论坛、微博、贴吧等网络平台，以发现其中隐含的数据信息，包括人们的思想变化、情感波动、行为倾向、内心需求、兴趣爱好、价值追求之间的内在的和隐性的关系。

第三，消除"思想信息孤岛"，确保信息流通。缺少有效的数据共享和信息交流机制会导致思想政治教育方面的数据信息与其他领域的数据信息相互隔离，导致"思想信息孤岛"的出现，也会使相关关系的发现和利用变得十分困难。为了实现这一目标，我们需要在思想政治教育主管机构协调与统筹的基础上，建立一个全国范围内跨地区、跨层级、跨部门的思想政治教育数据信息管理中心和共享平台。这样可以有效促进和整合思想政治教育数据信息与其他相关数据信息。

三、由精确思维转向模糊思维

随着接受教育人数的不断增加，以及收集到的、不断增多的受教育者信息，研究人员的"数据库"中可能会出现一些"失真"的信息。虽然数据量的快速增长可能导致不精确性的出现，但是我们可以采取大数据技术来防范并消除这种情况。此外，这种不精确性并不会影响我们的判断和决策，是可以接受的。

（一）何谓精确思维和模糊思维

精确思维主要是指采用精密准确的概念、推理、判断来对问题进行分析，强调确定性、精准性、清晰性。在精确思维中有着明确的思维对象界定，其思考的结论需要与特定的标准和特定的要求相符合，不允许出现错误或误差。模糊思维主要指的是借助模糊不清的概念、推理、判断来对问题进行分析，是强调不确定性、不精准性、不清晰性的一种思维方式。在模糊思维中，不需要明确界定和准确判断思维对象，其对于认识结果也没有精准性的要求，近似准确即可，允许出现一定的错误或者误差。

思想政治教育者在思想政治教育展开之前，在精确思维的影响下，会对目标进行准确的设定，制定统一的方略，并习惯使用标准化的问卷调查方法来获取相关的思想信息。在了解教育对象时，会按照预设的认知模式进行分析，而这些对象是独具个性且变化多端的。为此，不可能使用非"好"即"坏"、非"善"即"恶"、非"优"即"劣"的标准来对复杂的思想样貌进行分析。思想政治教育者在教育过程中，旨在通过明确的手段和目标，精准地向受教育者传授思想理论，讲授道德知识。思想政治教育者在完成了教育工作之后，通过量化的指标对教育效果进行衡量，对所存在的问题进行精确的数字阐释和数据阐释，致力于建立规范化、科学化、数字化的思想分析体系和评价系统。

（二）为何要由精确思维转向模糊思维

面对五彩斑斓、变化万千的世界，人们总希望通过精确思维来从众多的差异中发现共通之处，从不确定性中寻找确定性，将模棱两可的情况变得清晰明了，将不确定之处转化为精准的结论。尽管，在本质和形态上，各种事物和现象各有不同，有些可以明确进行定义和界定，有些则无法精确界定。就某种特定条件而言，在自然科学领域我们有能力更准确地理解现象和规律，利用数学模型、数学公式和图表来对问题进行分析，而且我们可以通过谨慎的、严密的推理和缜密的运算来证明问题，并得出确切、科学、精准的结论。社会科学领域和人文科学领域的现象和问题非常复杂，我们通常只能对其进行笼统描述和分析，并得出近似正确的结论。在这种情况下，模糊思维是我们对人文社会现象进行认识和分析其规律的常态思维方式。思想政治教育学科属于人文社会科学领域，因此，也需要超越严谨的精确思维框架，把模糊思维作为认识和分析思想政治领域的普遍现象和规律的常态思维方式。

思想政治教育学的研究对象主要为人们思想品德的形成与发展的规律、对人们进行思想政治教育的规律。人们思想品德的形成与发展的规律是非常复杂的。这种复杂性意味着我们无法采用详尽的标准对思想品德的特征与性质进行明确的界定，如某人可能被视为具有高尚思想品德的人，但事实上无法以具体的数量来量化这种高尚程度，因此我们只能给出相对模糊的答案。尽管对于"高尚"的思想品德，我们已经给出了明确的定义并达成了社会共识，但是人们的观念在不断变化，原本非常精确的思想认识有时也会变得不再准确清晰。对于思想品德发展的现状，我们不可能进行完全的、准确无误的把握，也不能对思想品德的演变趋势进行毫无误差的预测，也没有办法对思想品德的发展规律进行准确的、精准的揭示，这是因为人的思想品德每时每刻都在发生变化。即使我们建立了最完善的数学模型，也无法完全准确地对人的思想品德进行反映或分析，因为影响思想品德的因素非常复杂，模型无法包含全部变量。此外，我们建立的思想模型只是近似于思想原型，鉴于此，数据分析的结论与思想的真相只能是无限趋近的。

（三）如何由精确思维转向模糊思维

第一，我们需要认可和尊重多样。首先，对于教育对象的个性所呈现出的多样性应该给予尊重，避免采用过于笼统、绝对化、规范化的标准去忽视他们的个性。我们不能对不同的教育对象采用"一刀切"的方式，更不能将他们归为同一类别去进行统一的、相同的教育。相反，我们应该先去了解并尊重他们的个性，在此基础上为他们提供个性化的教育和服务，以促进他们个性化的发展。其次，对于价值取向的多样性给予尊重。对于其他价值观不能单纯地用所谓绝对正确的价值观对其进行否定，应该在多种价值取向的相互碰撞中，在相互交流中积极引导教育对象形成正确的价值共识。最后，尊重评价方式的多样性，不应单纯地基于可量化、数据化的标准来对思想政治教育成效进行定量评估和定期评估。相反，应在评价方式的适应性和灵活性上下功夫，而非过度强调模式化、确切性。此外，也应该容忍错误的发生。包容差错的存在，可以降低遗漏、错过有效数据和细节信息的概率，尽管大数据看似杂乱无章，但是可以在更大的层面和范围内提高数据的准确性。在大数据时代，思想信息数量庞杂，来源多种多样，种类也非常丰富。我们应该以包容的姿态接受各式各样的信息，而非轻易剔除"思想信息垃圾"，我们应该尽可能地涵盖所有思想信息，即使有些看似是虚假信息、无用信息或错误信息。通过模糊判别所有信息，可以使关键信息被错过的可能性降低，在"思想信息垃圾"中发掘有价值的信息。在对模糊认知结果进行扬弃的基础上，促进思想分析精准性的提高。

第二，重视生成。精确思维通常会对事物的本质和规律进行预设，然而模糊思维则认为在事物不断发展的过程中，事物的本质和规律会不断生成。鉴于此，我们需要关注教育对象思想的本质和思想的演变规律所具备的生成性，不能套用非黑即白、一成不变的标准来对待教育对象的思想品性，而是应该立足于教育对象的过去、现在与未来，用发展的眼光和整体的视角进行看待；对于思想演化规律，我们不能进行僵化认识，应该灵活运用大数据分析统一的模式培养人，同时，思想政治教育的目标和教育方略也应该根据不断生成的新问题与新情况进行调整与变化，对于思想政治教育中的主客体关系进行正确的处理，并且研究和创新思想政治教育的手段和方法。

需要特别注意的是，虽然我们倡导从样本思维转向整体思维、从因果思维转向关联思维、从精确思维转向模糊思维，但是这并不是主张抛弃前者，而是希望对于前者的不足之处通过后者来进行克服和补充，以实现两者的优势互补。大数据时代的思想政治教育只有立足于当前的情况与问题，综合运用多样的思想政治教育思维方式，才能更好地指导实践，进而提高思想政治教育的有效性。

第二章 大数据视域下高校思想政治教育的现状与问题

中共中央、国务院《关于进一步加强和改进大学生思想政治教育的意见》指出，"大学生是十分宝贵的人才资源，是民族的希望，是祖国的未来"。中共中央办公厅、国务院办公厅《关于深化新时代学校思想政治理论课改革创新的若干意见》指出，"把思想政治教育贯穿人才培养体系，全面推进高校课程思政建设，发挥好每门课程的育人作用，提高高校人才培养质量"。

大数据的应用对经济社会发展至关重要，成为推动社会各领域不断向前的创新力量。作为教育领域的重要组成部分，高校思想政治教育也深受大数据的影响。在大数据视域下，高校思想政治教育的现状与问题呈现出新的特点。大数据技术的应用使我们能够从海量的信息中提取出有价值的知识，为高校思想政治教育提供了新的视角和方法。然而，如何有效利用这些信息，如何在保护学生隐私的同时进行个性化教育，如何防止信息碎片化对学生思想深度的影响，都是我们需要深入研究和解决的问题。

第一节 当代大学生的思想、心理状况

一个人成长成才和对社会做出贡献的程度与个人的心理健康状态分不开，心理健康也是大学生成长成才的重要基础。在大学生的全面发展过程中，保持心理健康不仅是基本要求，也是未来走向社会、发挥智力、积极从事社会活动并不断进步的关键条件。保持心理健康可以帮助大学生克服依赖心理，让大学生更加独立，并有助于培养健康的、积极的个性心理，这为他们在事业上取得成功奠定了重要的心理基础。

就当代大学生的价值取向而言，大多数人都呈现出一种健康的、积极的趋势，

强调竞争、自立、公平和效率，表现出对时代的敏锐感知，具备明显的时代意识。从总体上考虑，存在多种倾向共存的情况。就单个人而言，许多学生还未树立起稳定的、完全健全的人生价值观念，因此，在某些方面可能经常表现出矛盾或摇摆的状态。就发展趋势而言，随着社会主义市场经济的不断发展，加之大数据时代的到来，各方面利益相互交织，人们的利益观逐步转变。在这一系列背景下，影响大学生的负面消息不断增加，如果没有系统的思想政治教育进行积极引导，必然导致一些大学生在人生道路上走错方向，酿成苦果。

当前，高校学生的心理健康问题主要表现在以下四个方面。

一、自我封闭

自我封闭是指将自己与外界隔绝开来，很少参与社交活动，除了必要的工作、学习、购物以外，大部分时间将自己关在家里，不与他人来往。一些研究发现，大学生如果沉迷互联网，减少与现实社会的接触，他们会变得与现实社会相隔离，切断真实的人际关系，造成自我封闭。[①]

网络具有隐藏性的特点，一部分大学生往往借助网络的这个特点来修补自己的"心灵创伤"。他们常常通过网络平台向网友发泄自己的情绪、排解忧虑，通过匿名的方式，他们的心理压力得以释放，但心理压力的释放并不等于得到了"救赎"。现实生活中，人与人之间的交往是通过身体语言的方式进行的，通过这种交流可以了解和读懂对方的心理和所要传达的信息。然而，借助网络载体，许多大学生只能通过键盘、鼠标和显示器进行交流，但这种"隔靴搔痒"的交流方式无法满足大学生对真实人际交往的需求，反而可能会导致他们的孤独感加强。同时，网络增加了"撒谎"和"说真话"的辨别难度，与现实生活中的直接交往相比，人与人之间的距离变得疏远。网络交流一方面开拓了大学生交流的途径，另一方面却减少了大学生参与现实交流的机会，压缩了自然交流的空间。

二、人际交往障碍

人际交往能力已被公认为现代人才重要的素质之一，是情商的一项极为重要

① 丁唯怡. 移动互联网时代大学生虚拟交往的问题及对策研究：以松江大学城七所大学为例 [J]. 产业与科技论坛，2018，17（16）：95-96.

的内容。常言说:"欲学为事,先学为人。"人际关系是当代大学生极为关注的一个问题。不少大学生常常为此处于矛盾之中:一方面迫切希望参与社交,得到友谊;另一方面又不愿敞开心扉,与同学交往小心翼翼。在现实生活中,有些大学生不会主动与人交往,在不肯轻易向外人展示真实自我的同时,又渴望别人能理解自己,与自己做"心灵交流",这种需求如果得不到满足,就会感到无所寄托,进而产生孤独感。有的大学生缺乏在公共场合表达自己思想的勇气和能力,惧怕自己因此而遭遇更大的失败,不敢参与社交活动;有的大学生由于受到批评或遭遇挫折后心情不舒畅,更加缺乏与人沟通和交往的主动性。

三、沉迷网络

大数据环境下,一些大学生借助网络平台构筑了自己虚拟的网上生活,但这存在许多问题,过度地痴迷网络会给大学生的人生发展带来极为不利的影响。大学生如果长时间地沉溺于网络,醉心于网上信息与网上猎奇,就会对网络产生过度的依赖,将自己现实生活中的时间挤掉而转移到网络生活的空间中来,正常的学习生活及社会交往受到严重影响,给大学生的身心健康和学习造成了严重的影响。

四、自我认知失调

自我认知指的是对自己进行全面深入的洞察与理解,具体包括自我观察、自我评价两个方面,这两个方面是完全不同的。自我观察主要指的是觉察自己的感知、意向、思维等方面;自我评价指的是判断与评估自己的期望、想法、人格特征、行为,这是人们进行自我调整的重要前提。

当一个人缺乏对自己的正确认识,无法看到自身的优点,觉得自己与他人相比没有优势时,便会产生自卑情绪,从而失去自信,进而导致做事情畏缩不前。与之相反,如果一个人对自己的能力评价过高,可能会滋生自满和盲目乐观的心态,这种过度的自信可能会导致他们忽视潜在的问题和挑战,最终可能导致错误的决策和行动。因而,准确地认知自我,以实际情况为依据对自身进行评价,是自我调整的前提,也是完善人格的重要基础。

大学生的认知和习惯的培养不仅是练习和强化的结果,而且取决于他原有的认知结构和当前所处的环境。美国社会心理学家利昂·费斯汀格说过："一个人对自己的价值，是通过与他人的能力和条件的比较而实现的。"① 大数据环境下，大学生的"自我陶冶"能力显著增强，这使其对外界事物的认识更加感性和随意，当然这种对外界事物评价的随意性转移在自我身上，就显得更加随意和自我。

第二节　当代高校思想政治教育现状

我国高等教育中的德育，是继承了党的思想政治工作的优良传统，在党的领导下建立和发展起来的。因此，其表述与党的工作有关概念的演变有密不可分的联系。高等教育中的德育，包括高校对学生进行的政治、思想、品德、心理素质教育等，通称为"思想政治教育"。高校思想政治理论课产生于探索高校思想政治教育工作科学化的实践中，历经初步探索、曲折建立、恢复、改革发展等建设阶段，发生了许多深刻的变化。在课程设置顺序上，它经历了从马克思主义理论课，再到思想政治品德课，最后到共同发展融合的演变过程；在名称上，它经历了从高校马克思主义政治理论课，到高校思想品德课，再到高校"两课"②，又回到高校思想政治理论课的演变过程；在基本建设上，它经历了由不成熟、不规范到比较成熟规范，再到在深化改革中发展，又到在创新中发展的演变过程。

在我国，高校思想政治教育主要通过教育教学得以实现，这门课程承担着对高校大学生进行自我价值观、社会主义相关理论、马克思主义理论等教学任务，是高校思想政治教育的主要途径和主要阵地。纵观中华人民共和国成立以来的高校思想政治课，其在高等教育中的地位总体上保持了与其他学科教育平衡的水平。

大数据时代，高校校园已成为互联网用户最密集的区域之一，这就使高校思想政治教育处在不断开放的环境中。网络时代既给高校思想政治理论教育带来了严峻挑战，也带来了新的机遇。一方面，社会网络化必然会充实思想政治教育的内容，推动其理论与时俱进。另一方面，社会网络化进一步使思想政治理论教育工作者的视野由课堂延伸到课外，由校内延伸到校外，由国内延伸到国外。落后、

---

① 刘莹莹.浅谈大学生常见心理问题表现、成因及应对措施[J].读与写（教育教学刊），2010，7（2）：194-195.

② "两课"：马克思主义理论课和思想政治教育课。

封闭、保守的观念遭到抛弃，创新观念、实效观念、信息观念、竞争观念被普遍认同，开辟了高校思想政治理论教育的广阔天地。

目前，高校思想政治教育的总体情况是先进的、科学的、积极的、进步的，同时也存在着一些不可回避的问题和不足。具体可概括为对高校思想政治教育的重要性认识不到位，对思想政治教育的相关规划与管理不到位，思想政治教育的内容没有很好地体现科学性和人文关怀。

一、高校对思想政治教育的重要性认识不到位

中共中央、国务院《关于进一步加强和改进大学生思想政治教育的意见》指出，"要高度重视大学生生活社区、学生公寓、网络虚拟群体等新型大学生组织的思想政治教育工作"。文件中明确指出，大学生作为宝贵的人才资源是国家的未来和民族的希望。《教育部等八部门关于加快构建高校思想政治工作体系的意见》指出，"依托书院、宿舍等学生生活园区，探索学生组织形式、管理模式、服务机制改革，推进党团组织、管理部门、服务单位等进驻园区开展工作，把校院领导力量、管理力量、服务力量、思政力量压到教育管理服务学生一线，将园区打造成为集学生思想教育、师生交流、文化活动、生活服务于一体的教育生活园地"。为了贯彻上述文件精神，各地教育部门制定了相关实施办法。但在大数据时代背景下，作为"主渠道、主阵地、主课堂"的高校思想政治教育仍然存在一些认识上的误区。

（一）部分高校没能把握"思想政治教育先行"的本质

党的十八届三中全会通过的《中共中央关于全面深化改革的若干重大问题的决定》提出："深化教育领域综合改革。全面贯彻党的教育方针，坚持立德树人，加强社会主义核心价值体系教育，完善中华优秀传统文化教育，形成爱学习、爱劳动、爱祖国活动的有效形式和长效机制，增强学生社会责任感、创新精神、实践能力。"教育的根本任务在于立德树人，是培养什么人、怎样培养人、为谁培养人的根本问题。为了培育德、智、体、美、劳全面发展的社会主义建设者和接班人，我们必须以立德树人为先，注重德育教育。只有这样，我们培养出的人才不仅具备高尚的道德品质，还具备建设社会主义的实际能力。

"德育为先"是党和政府一直强调的，它经常出现在各种文件中，各高校也确实通过文件的形式进行学习，但是在实际工作中却不能够做到学以致用。由于高校发展传统的问题，高校思想政治教育经常被放在次要位置。在实际的思想政治教育过程中，部分思想政治教育工作者一直延续传统的工作思路和工作方法，许多活动即使开展了，也只是流于形式，导致思想政治活动名不副实。

（二）一些大学生对思想政治教育采取漠视态度

在新的历史时期，国内国际环境都发生了较大的变化，出现了与以往不同的新情况，从而对当代大学生的思想产生了巨大的影响。对于高校的思想政治教育，一些大学生认为虽然有意义、很重要，却远远比不上学习成绩甚至参加学校活动的重要性，思想政治教育似乎离他们的现实生活尚远。

二、高校对思想政治教育的相关规划与管理不到位

学校管理是指学校管理者设置一定的机构与制度，不定期地使用一定的手段和措施对全校师生进行带领与引导，对校内外的资源进行充分的利用，实现对学校教育工作的优化，以便更好地达成学校工作目标的一种组织活动。

学校管理作为与思想政治教育相辅相成的一种教育手段，是高校思想政治教育的重要途径。如果缺乏切合实际的、合理的管理制度，高校思想政治教育就会变得孱弱无力。

在现阶段，高校对学生进行思想政治教育管理的部门设置比较简单，主要依托学生处、团委来完成。相比人员众多的专业教育人员，思想政治教育管理者的数量显得较为匮乏，在处理一系列学生问题时就显得"捉襟见肘"。在这种情况下，高校思想政治教育者只能将本应该是非常人性化的学生工作当成机械的"消防工作"，将自己的角色定位为"消防员"，整个教育过程就变成了单纯的"救火"和维稳，很难做到思想政治教育的人性化和个性化，也很难做到从学生实际情况出发，思想政治教育工作的实效性也难以实现。

另外，高校思想政治教育也需要优良的制度来规范。现阶段，部分高校没能够根据自己的实际情况和学生的特点进行教育规范，只是生搬硬套政府部门的制度规范，没有做出相关的配套制度规范。即使制定出相关的制度，但是在具体规

定方面做得并不到位。第一，高校在制定相关规章制度时，并没有充分地考量大学生的实际情况，缺乏与大学生的沟通；第二，规章制度的相关规定并不是基于大学生的未来全面发展进行考虑，而是基于更方便管理者的管理来制定，制度的内容更多的是关于如何处罚，显得过于机械和单调；第三，高校在制定规章制度的过程中机械地照搬国家在相关方面的规定，自主性较差，没能做到"因校制宜"；第四，高校缺乏突发事件的早期预警机制，缺乏思想政治突发事件完备的应急预案。总而言之，在制度和管理上的不足与缺位，使得部分高校在思想政治教育上并没有形成教育合力。

三、高校思想政治教育的内容没有很好地体现科学性和人文关怀

在思想政治工作中，人文关怀至关重要。这意味着我们"既要坚持教育人、引导人、鼓舞人、鞭策人，又要做到尊重人、理解人、关心人、帮助人"。注重人文关怀在思想政治工作中的任务与目标主要是教育人、引导人、鼓舞人、鞭策人；注重人文关怀在思想政治工作中的基本要求和原则是尊重人、理解人、关心人、帮助人。尊重人主要是指对人的基本权利和尊严的尊重，尊重人的爱好与个性，尊重人的劳动、文化、知识、创造。理解人就是需要对人的本质以及所具有的社会属性有所了解与理解。关心人主要指的是关心人的利益，对学生在学习方面、工作方面、生活方面、教育方面、医疗方面等遇到的问题和困难给予关心与解决。帮助人直接体现了解决思想问题和解决实际问题的统一。尊重和理解他人是深化思想政治工作的前提，而关心和帮助他人则是做好思想政治工作的关键。

现阶段，高校思想政治教育以开设相关课程作为主要方式，但在授课过程中普遍存在以书本知识为唯一标准的倾向，在教学过程中没有实现科学精神与人文精神的结合。只有将高校思想政治理论课与人文课程相融合，才能实现整体效应，让两者相互促进，实现1+1＞2的效果，从而更有助于高校思想政治教育的普及和开展。

高校在进行思想政治教育时应注重三个方面的结合。首先，要将高校的人文情怀内容与思想政治教育内容融合起来；其次，将大学生的个性与思想政治教育工作者的人文情感相融合；最后，将科学精神与人文关怀紧密结合起来。我们应该以进行思想政治教育为桥梁，努力将高校建设成为科学的渊薮和人文的殿堂。

第三节　大数据视域下高校思想政治教育的基本问题

目前，高校思想政治教育水平直接与国家命运和民族的未来紧密相连，牵动着经济社会发展的整体大局，关乎中华民族伟大复兴的中国梦的实现。在当前形势下，如何高效地推进高校思想政治教育是高等教育界必须直面的重要难题，同时对高校教育而言也是严峻的考验。大数据时代，高校思想政治教育的基本问题主要表现在以下七个方面。

一、思想观念需要更新

目前，部分高校思想政治教育工作者没有真正了解和运用大数据技术，对大数据与高校思想政治教育有效融合的功效认识不足，习惯用经验和固化的思维模式思考和解决大数据时代所出现的实际问题，但是老办法和老经验很难适应高校思想政治教育发展动态的客观规律。同时，大数据具有高度复杂性、动态性和多样性等特征，这些特征使大数据能够拓展大学生的视野，一些新的思潮、新的网络流行语可能是教育者前所未闻的，使思想政治教育者陷入了尴尬的局面。因此，高校思想政治教育工作者要更新思想观念，形成与新时代相适应的思维方式。

二、忽略了新媒体的使用

将大数据与高校思想政治教育融合是一种新的尝试。以往高校思想政治教育的途径主要是线下教育，且大部分是课内教育，如思想政治理论课、班会、报告讲座等。这些教育形式的开展基于同一时间、空间和固定地点，而且要求师生都在场。这种点对点、面对面的教育降低了学生学习的主动性，也影响了教育的实效性，不能满足学生多样化的学习需求。而线上教育相对薄弱，教育者没能充分利用先进的网络媒体进行教育，如微博、微信、QQ 等，忽视了大数据的快捷性、方便性、资源共享性等特征，未能充分挖掘新媒体在思想政治教育方面的价值，导致学生参与的积极性不高。

大数据时代，学习的过程是信息传递与信息重构的过程，如果教育者在大数据应用过程中落后于他人，没有深刻地理解和分析数据，缺乏对大数据的主动利用，那么大数据也就只是理论和摆设。如一些部门只是建立了相关网站，但信息内容不够丰富、更新也不及时，缺乏与学生的互动性，忽视了大数据在高校思想政治教育工作中的作用。

评价和反馈是学习者提高学习效率的有效途径之一，还可以反映出资源的利用程度。现有的高校思想政治教育线上平台存在着师生评价、生生评价等评价体系不完善的问题，教师在线时间较短，对于教师在平台工作的时间和成果缺少相应的评分考核和监管机制，使学生不能及时得到反馈信息，导致学生的学习效果不佳，学习的积极性降低。

教育平台具有非实名化特点，增加了教育者对受教育者进行甄别的难度，教育者无法真实地了解受教育者真正的状态和需求，使平台的针对性降低。同时，数据的传播具有偶然性的特点，在传播的过程中是否有更改或删减，都增加了传播的不确定性。

三、教育资源整合不足

大数据时代，思想政治课程网络教学获得了绝佳的发展机遇，但也面临着一定的挑战。网络教育资源的整合正在逐步展开，但仍处于不断完善阶段。

首先，高校院系之间学科资源共享不均，教师资源匮乏。一些高校的网络专业课程设置比例不均衡，过于集中，而且较多高校热衷于开设热门的专业课程，而忽视其他基础学科和人才的培养。此外，从事网络课程资源开发和设计需要专业的团队来完成一系列工作。目前，高校的网络课程专业开发人员有限，多数开发任务由教师和学生辅导员等相关人员承担，由于他们一方面要对学生进行在线教育和指导，另一方面要完成自己的本职工作，同时还存在网络专业技能欠缺、经验不足等问题，这些都在一定程度上制约了网络教育资源的整合和共享。

其次，校际合作网络教育资源共享建设还需进一步完善。一方面，由于高校网络教育的硬件设施建设的差距，平台对接存在许多困难。另一方面，由于自我保护意识和学校层次差异，一些层次高的高校不愿将自己的优质资源与他校共享，而一些层次低的院校又无资源可用，导致资源整合和共享受阻。同时，不同高校之间学生层次与学生需求亦存在差异，这也为校际资源整合和共享带来了一定的影响。

　　再次，学校与社会教育资源整合缺少统一的规范和标准。在大数据时代背景下，我们希望看到百花齐放、百家争鸣的教育现象，但社会教育资源具有很强的灵活性和多样性，甚至同一问题的答案都相去甚远，教育工作者面对五花八门的教育资源时显得无所适从。而且现在社会教育机构与学校的合作还缺乏统一的规范，社会教育资源开发的随意性较大，教育资源开发的实用性较低，也有大部分教育资源被闲置。

　　最后，学校与家庭教育资源整合加重了家庭教育和学校教育的工作负担。如有的学校要求教师要在课余时间与家长通过手机端、电脑端等交流软件沟通学生在校学习情况，发送友情提示等信息，多数是重复的内容；还有的学校会规定教师每月的沟通次数，导致许多教师工作压力加大，产生心理上的负担。也有一些家长反映接受学校教育信息的服务不好、信息重复率高、真正适用的教育内容少等问题。

四、缺乏必要的保障机制

　　思想政治教育保障机制主要包括思想保障、组织保障、队伍保障、制度保障、物质保障和环境保障六个方面。思想保障方面，许多高校强调把"立德树人"放在第一位，但在实际工作中却出现了德育和智育发展不协调的问题，虽然文件口号较多，但在实际工作中的检查督查不到位，还要在落实上下功夫。组织保障方面，由于受机构、编制、人员等实际问题限制，高校的组织机制建设相对滞后，难以构建一体化的组织领导体系。队伍保障方面，需要肯定的是当前的高校学生思想政治教育队伍是一支肯吃苦、能奉献、能战斗的队伍。但随着高科技信息技术的快速发展，高校的学生思想政治教育队伍在组织结构、队伍素质和队伍稳定性等方面仍面临着许多方面的挑战和困难。制度保障方面，大数据背景下的学生思想政治教育是一项系统的工程，一些高校存在着制度规定不清、落实不到位、职责不清晰和赏罚不分明等问题，制度规范有待进一步完善。物质保障方面，提高高校学生思想政治教育信息化程度，不可避免地需要高校增加办学成本。目前仍存在硬件设施投入较少，聘请专业大数据技术人员参与信息平台建设的经费不足等问题。环境保障方面，校园网络文化环境对高校学生思想政治教育有着至关重要的影响，高校信息网络已成为影响学生成长的一种重要环境，网络上存在的各种错误的观点和不良信息影响着学生的思想和行为，由于对于网络环境认识和经验不足，缺少网络环境治理的具体措施，高校学生思想政治教育的效果受到了制约。传统媒体模式下，高校积累了一套十分完整的管理和保障机制，然而在大数据时代背景下，信息量大、信息随意性及信息虚拟性在一定程度上削弱了传统媒介的作用，也对大数据时代高校学生思想政治教育保障机制提出了新的要求。

五、监管措施不到位

大数据时代的开放性和普适性，使每个人都成为大数据的参与者和使用者，在发布信息的同时也在接收信息。新兴的网络技术进一步降低了信息传播的门槛，使大数据信息的传播具有"无屏障性"，使信息更加碎片化，对于使用者来说，加大了接收和传播信息的任意性，不良内容信息难预计、难控制、难消除等问题，给高校思想政治教育工作带来极大的挑战，也对学生的思想产生冲击，不利于学生培养正确的世界观、人生观、价值观。因此，高校应建立健全相关政策和法规，加强对网络思想政治教育工作的监管和管理；加强对网络平台和思想政治教师的培训和监督，确保网络思想政治教育合法合规。

六、在一定程度上脱离学生生活实际

从一定程度上来说，目前高校思想政治教育存在与大学生的思想实际状况脱节的问题，在进行思想政治教育的时候没有充分考虑到社会、生活和学生的需求，未能真正贴近学生的现实生活。在教育方式上，主要依靠教师在课堂上的知识讲授，这种教育方式会导致学生学习到的知识流于形式，停留在观念中，很难取得良好的教育效果。目前，部分大学生存在的最大的问题在于只专注于学习课本中的理论知识，而忽略了对国内外形势的变化和实际社会状况的关注，这就是所谓"两耳不闻窗外事，一心只读圣贤书"，这就导致他们毕业后很难适应社会，在步入社会的时候会感到与现实脱节，同时缺乏正确的处理问题的能力，面临着迷茫和困扰。要想解决这个问题，唯一的途径就是积极引导学生参与社会实践，更多地接触现实生活，了解社会现状、国情和民情，积极融入现实生活，在这个过程中增强大学生的社会责任意识，使大学生的理论与实践相结合的能力得到提高，使大学生服务社会的能力得到加强。

七、教学方法存在问题

近年来，思想政治教育课存在的主要问题是，过于重视理论知识这个表层层面，而忽略了理论和实际相结合这个深层层面。思想政治教育教学活动的开展应该是师生之间的一种双向的活动，是一种良性的互动，学生的学习效率与效果取决于教师的教育教学方式。只有使用不同的、多样的教学方法，才能确保学生以更加高效和灵活的方式学习知识。目前，思想政治教学方法存在的问题是，教学手段较为单一，多为教师传授讲解知识，社会实践活动很少，甚至没有。另外。部分教师的课堂上出现了一种"伪多元化"现象：过分强调教学方法的多元化，大多却是有活动没体验、有形式无实质。这种单一且与学生需求不符合的教学方法忽视了大学生的能动性、主动性和差异性，忽视了大学生在接受思想政治教育过程中的积极判断、筛选、理解和内化过程的重要作用。

第三章　大数据视域下高校思想政治教育的基本原则、措施与机制

要想对大数据时代高校思想政治教育有效提升的基本原则与方法有正确的、科学的认识，就应该立足于高校信息化教育发展的实际情况，同时结合高校思想政治教育的历史和现实情况。适应大数据时代形势发展的必然要求和必然趋势，明确高校思想政治教育的发展方向，遵循高校思想政治教育的规律要求、原则规范、目标导向，构建一个科学、合理、有效的高校思想政治教育内容体系，积极探索大数据时代高校思想政治教育工作的方法和规律，不断提升高校思想政治教育工作的针对性和有效性，是摆在高校教育工作者面前的重要课题。

第一节　大数据视域下高校思想政治教育的基本原则

一、以人为本

以人为本原则是大数据时代高校思想政治教育必须遵循的首要原则，是保障思想政治教育长效机制得以建构的基本前提，也是大数据时代高校思想政治教育取得实际效果的重要保证。在对高校思想政治教育进行改进的过程中，应该先认可和尊重学生的差异性、主体性、创造性，只有学生群体愿意接受、乐于接受、主动接受才能形成良性的循环机制。

（一）注重对学生素质方面的培养

高校注重培养具备广泛知识储备和全面素养的人才，强调人文、综合、广博教育，注重个人和谐发展。虽然各所高校在办学理念和目标上存在差异，但它们都有共同的内容：一是致力于维护人类文明和族群文明，实现文化的累积、传承，

促进文化与文明的弘扬和发展；二是对社会资本与文化资本进行培植，积极引导社会朝着良性和健康的方向发展；三是培养具备反思精神和批判精神的健全国民与公众知识分子。我们需要从长远的角度来审视大学教育，因为在对教育目标进行设计的时候、在进行课程设置的时候、在设置评价标准的时候，如果太重视功利性、实用性、工具性，会给大学教育带来负面影响。

无论学习什么专业，从人类的品性培养角度来看，大学生都需要接受人文教育的熏陶和性格的培育。在学习人文科学时，重点不在于纯粹获取知识，而是获取智慧，提升人生内涵。现今一些大学生注重学业成绩，常常忽略了道德理念的树立。高校有责任引导大学生树立正确的思想道德观念，培养大学生成为全面发展的人才。在这一时期，高校教育者的指导和教育对于培养大学生形成正确的世界观、人生观、价值观至关重要。

（二）在教学中要以学生为本

在大数据时代背景下，高校思想政治教育需要对学生的主体性地位进行确定，强调尊重大学生的人格，同时也肯定大学生的价值。此外，在进行思想政治教育时，应该严格遵守和履行主客体交流互动的行为准则。因此，在理解并关注高校大学生的基本需求方面，坚持以人为本的原则至关重要。这不仅代表着社会主义核心价值观的精神内涵在不断丰富，也符合思想政治教育的主流趋势。以学生为本指的就是让学生成为学校教育和管理的根本，始终将学生的利益放在首要的位置，立足于学生的立场来制定和推进各项工作。

以学生为本并不意味着盲目迁就学生或者批准学生所有的想法，也不应该放弃师生关系所具备的最基本的道德标准和行为规范。相反，以学生为本应该是因人而异地进行教学，就如同孔子所言的因材施教。

教育的核心目标在于对学生的全面成长给予关心、关怀、关爱，因此高校需要关注大学生在言行方面、情绪方面和心理方面等的表现。只有这样，高校才能够真正关心学生的实际需求，并营造和谐的校园氛围，真正做到以学生为中心。

（三）开拓、挖掘学生的潜力

德国哲学家约翰·戈特利布·费希特认为，教育首先是培养人，而不是仅仅关注实用价值。教育不应该只是传授知识和技能，而是应当激发学生的潜能，培养他们的自我学习能力、归纳能力和理解能力，从而帮助他们在未来不可预知的情况下做出有意义的自我抉择。

如今的社会对人才提出了新的要求，需要有才干、有思维深度、有学识的青年。以学生为本的教学方法可以满足社会的需求，让整个社会更加和谐。挖掘和培养学生的潜力是以学生为本的一个重要推动因素。教师可以在日常的教育教学过程中，积极开发学生的潜力，发现不同学生身上的才华和闪光点，让每个人都能从教育中受益。当前推行的素质教育不仅强调学生的学习，更注重学生的德、智、体、美、劳全面健康发展。

二、具备理论前瞻意识

在大数据时代，高校思想政治教育是一项长期性的、动态性的活动，同时这也是一项极具挑战性的任务。高校思想政治教育作为实践过程，需要不断地适应时代发展的趋势，不断丰富其内容，赋予其新的时代内涵。目前，高校思想政治教育的建设需要不断完善和发展其运行机制，以确保其不陷于保守和僵化状态。我们需要不断探索和发展思想政治教育的构建机制，增强其实用性和灵活性。

高校思想政治教育者要具备前瞻性意识，能够把握大数据时代的脉搏，基于对信息实践活动现状及未来走向的洞察，做出具有准确性、前瞻性的判断并有效地引导学生。高校思想政治教育者在大数据时代需要认识到学生发展的新特点，并围绕大数据时代下高校思想政治教育这个实践本身进行活动，以探讨和总结如何加强高校思想政治教育的针对性和有效性。同时，需要持续地调整和改进教育形式和方法。在当前大数据时代，我们应该考虑到当代大学生的认知特点和规律，在教育过程中不能采取强制手段，也不能急功近利。要坚持用引导、感染、熏陶等方式，逐步地将教育理念、目标和正确的价值观念、行为方式等传授给学生。而且，要熟练运用网络语言和网络交流习惯。

三、科学文化知识教育与意识形态教育相结合

（一）科学文化知识教育与意识形态教育是统一的整体

科学文化知识教育不仅仅是寻求真理和知识的活动，它还承担了意识形态教

育的职能。科学进步孕育了科学精神，使人们不断对真理进行追求，并且为之不懈奋斗，这种科学精神是科学工作者在实践中总结和升华的一种有着普遍意义的宝贵精神财富，具体包含勇于探索、不断进取、勇于批判、敢于创新、献身于真理并服务于人类等精神。教师在传授科学文化知识的同时也应该传递科学精神，让大学生不仅仅学习科学文化知识，更重要的是领悟科学精神，将其深深地融入自己的内心世界，内化为自己的精神。科学文化知识教育过程中蕴含着哲学教育。在哲学发展史中，科学的发展史是一项重要的组成成分；在科学的理论中蕴含着哲学，充满了如量变质变规律、对立统一规律、否定之否定规律等唯物辩证法和辩证唯物主义理论。高校可以组织一些社会考察活动如社会调查、游览、参观、访问等，来加深大学生对社会的认识和了解，让大学生在与社会的接触中接受教育，启发他们的思维，扩展他们的知识面，同时也让他们更加清楚自己在社会中的作用和价值。

（二）意识形态教育功能的内引性作用

第一，意识形态教育对个体的成长产生影响，其成就来源得益于意识形态教育的积极引导。个体的任何行为都源自一定的需要。不同人的需要水平各有差异，他们的动机水平也有所不同。一个人的学习努力程度与其动机水平成正比。第二，在意识形态教育的熏陶下可以养成良好的个性心理品质。科学文化知识教育从属于个性心理品质培养的层面，科学文化知识教育与信念、意志、情感、性格、兴趣、气质等人的其他个性心理品质有着非常密切的联系。良好的个性心理品质可以促使科学文化知识教育的发展与进步，反之，不良的个性心理品质会对科学文化知识教育的发展与进步造成阻碍。因此，在科学文化知识教育方面，一个人的发展水平会受到其个性心理品质的综合作用的影响。第三，在科学文化知识教育中，科学的世界观教育可以起到非常重要的作用。培养学生科学的世界观是意识形态教育中非常重要的任务之一，拥有科学的世界观对于提高学生的科学文化知识水平有着至关重要的作用，可以引导科学文化知识教育朝着正确的方向前进。从科学的发展史中我们可以看出，不论是社会科学研究、自然科学研究还是心理科学研究，都需要在科学的世界观指导下进行，否则，将会限制一个人在科学上的成就，甚至导致他偏离正确的道路。

（三）正确处理科学文化知识教育与意识形态教育的关系

根据党的教育方针，我们应该全面发展受教育者的德、智、体、美、劳，使其成为具备拥有社会主义建设和接班能力和素质的人才。我们一般尊称教师为"人类灵魂工程师"，在我国的传统文化中，教师也一直充当着"传道""授业""解惑"的角色。由此可见，教师这一角色所承担的责任不仅仅是对学生传授知识和技能，还承担着育人的重要使命与责任。教师进行的课堂教学活动是一项综合性的复杂劳动，其不仅是一个运用智力的过程，还是一种综合运用自己的知识、智力、品质等完成教书育人使命的过程。教学效果不仅与教师的技能水平紧密相连，同时也与教师在课堂上的情感素质和思想素质息息相关。因此，每个教师都应该以培养有理想、有文化、有纪律、有社会责任感的社会主义建设者和未来的人才为使命，并持续学习和努力提升自身素质，力求达到"人类灵魂工程师"的要求。在每一科的知识中都包含着非常丰富的意识形态教育素材，作为教师应该对此进行积极挖掘与发展，并以此来引导学生，让学生在学习知识和智力发展的同时提高思想品德、养成良好的行为习惯和发展其他心理素质。

第一，高校教育工作者应该秉承全面负责的思想理念。在高校中，教职员工的工作、责任各不相同，有的从事教学工作，有的从事政治工作，也有的从事后勤管理工作，他们各有所长，都有自己的工作重点。虽然这些教职工的工作各有侧重点，也有不同的专业领域，但是彼此之间的分工合作是不可或缺的。从事教育工作的人都应该树立全面负责的思想。第二，在进行知识教学的时候应该加强其教育性。知识教学在科学性与教育性方面实现了统一，就能帮助学生提升其自身的科学文化知识水平，不断提高学生的意识形态水平。我们这里所说的知识的教育性指的是一切真正科学知识的特点，并非指的是额外添加的教育成分。我们应该在了解教材特点的基础上，选取合适的角度来加强知识教学的教育性。第三，在进行意识形态教育的时候应该加强其知识性。意识形态教育只有加强了知识性才能具备科学的逻辑和依据，更具权威性和说服力，这对于发展科学文化知识教育具有促进作用。此外，加强知识性是为了强化意识形态教育工作的效果。因此，在选择知识的时候，必须以满足意识形态教育需要为前提，避免过分关注知识本身，避免喧宾夺主，产生与意识形态教育冲突的情况。第四，在多样性活动中融入教育元素。仅仅停留在认知水平上的思想觉悟是不够的，只有将意识形态教育融入实际行动中才能产生真正的效果。只有在活动中，才能对认识进行巩固和完善，只有在实践中才能真正形成良好的思想品德。科学文化知识教育需要与实际生活紧密结合，只有通过实践才能不断使水平得到提高。不管是意识形态教育还是科学文化知识教育，其基础都是活动。

四、教育优先，坚持可持续性

高校学生是当代青年的先进力量，高校思想政治教育在大学中的重要地位决定高校思想政治教育必须恒久坚持。符合社会核心价值的需要是建立学生思想政治教育长效机制的必然要求，这不仅是应对思想政治教育环境变化的客观要求，同时也是增强高校思想政治教育实效性的必然选择，更有利于高校思想政治教育的长效发展。

第二节　大数据视域下高校思想政治教育的措施

明确了大数据给高校思想政治教育工作带来的机遇和挑战，也分析了大数据视域下国内高校思想政治教育工作的现状和存在的问题，这就给我们寻找应对大数据视域下的高校思想政治教育措施提供了充分的帮助和支持。我们应抓住大数据时代的机遇，主动迎接挑战，利用大数据技术，趋利避害，建立适应大数据时代发展要求的思想政治教育，争取思想政治教育的主动权，拓展大数据时代思想政治教育的有效途径，以取得高校思想政治教育工作的更大进步与成效。

一、完善大数据管理体制，营造健康的大数据环境

（一）法律约束

法律约束是指依据国家制定的法律规定所具有的法律效力，对社会成员的行为产生制约作用，这是加强管理机制的重要手段。依法设立的法律、法令、条例和规定等具备法律约束力，由国家强制力保障。

思想政治教育功能的发挥必须以资源作为供应并提供动力。法律的作用可以分为规范作用和社会作用，规范作用是从法律调整人们行为的社会规范这一角度

提出来的，而社会作用是从法律在社会生活中要实现一种目的的角度来认识的。在高校思想政治教育中，法律是一种非常重要的资源，并且起到非常重要的保障作用。高校可以借助法律手段对思想政治教育资源进行彻底开发，来加强教育者以及受教育者对思想政治教育的本质性认识；获取和开发思想政治教育实践资源；在获得社会广泛认同的基础上，提高思想政治教育的实效性。

政府立法的同时，学校也制定学校法规。在政府立法的背景下，可以对大数据的行为进行约束，对大数据的环境进行净化和优化，教育和惩戒不道德、不文明的行为，对大学生的行为进行引导，让大学生对大数据进行合理、合法、健康的使用。政府立法虽然很有必要，但不能单靠它来解决高校的问题。由于高校是社会的重要组成部分，不同高校有各自独特的传统和实际情况。因此，在进行立法管理时，不能一概而论，不同高校应该制定适合自身的大数据管理规定和行为准则，从而对高校思想政治教育工作进行规范。通过主要依托政府立法，辅以高校相关规定的方式全面打造高校思想政治教育的法律保护屏障。

高校思想政治教育工作者应当积极宣传政府法律法规，提升学生的法律意识，以确保法治观念能够深入人心，这同时也是高校的责任和义务。只有确立具体的规章制度，并严格遵守和执行，在思想政治教育的过程中才能有效地净化大数据环境，避免大学生因使用方式不当而陷入违规违纪的困境。高校应该通过占领"舆论制高点"，运用法律手段和必要措施来有效地管控和封堵不文明行为和不良信息在网络上的传播。这样可以遏制不良信息的传播和不良现象的发生，净化网络空间环境，在法律层面为高校学生的健康成长以及塑造正确的世界观、人生观、价值观提供有效的保障。

（二）行政约束

行政约束行为指的是为保障社会和他人的安全，相关部门对某些可能危害社会或者危害他人或者危害本人安全情形的自然人所采取的一种短时间对其人身自由进行限制的行政措施。高校所培养的人才应该是符合社会需求的、全面健康发展的人才，这不仅是国家对于人才的要求，同时也是高校的光荣责任与使命。随着大数据技术的迅速发展，干扰大学生思维的不良风气也随之增加。这些不良风气不仅对大学生形成科学健康的世界观、人生观和价值观产生了负面影响，还阻碍了高校朝着健康、全面、稳定发展的方向前进。对此，高校应该采取一定的行政手段和措施对大学生的行为进行规范和约束，实现大学生与大学生之间的关系、大学生与高校之间的关系、大学生与社会之间的关系的协调，以确保大学生拥有优秀的思想道德品质，养成良好的行为习惯。

随着大数据技术的发展，高校思想政治教育工作变得更加复杂，任务更加艰巨。高校思想政治教育需要建立完善的突发事件应急管理机制，同时还需要确保有健全的组织机构，人员分工明确，责任落实到位。只有未雨绸缪，才能最大限度地预防、管控危机，维护高校正常的教学秩序和生活秩序，保持校园和谐、稳定。高校采取行政手段一个很重要的方面就是担负起监控校园舆情的重要任务。这需要由高校从事思想政治教育的行政管理人员担起主要领导责任，包括对学校舆情的跟踪监控，及时把握学生心态变化，防止危机事件的发生。我们需要做的是提前预防危机事件的发生，确保问题被及时发现和化解。要应对和遏制不良信息的泛滥传播，需要采取多种措施，主要包括以下几个方面。

第一，高校应该针对危机事件成立舆情危机事件应急处理小组。在大数据的加持下，我们处在一个非常自由和宽松的环境中对信息进行接收和传递，不管是有用的信息还是无用的信息，不管是正确的信息还是错误的信息，不管是先进信息还是落后的信息，都会出现在大学生的周围。为了避免造成学生的价值观模糊、社会责任意识弱化等负面影响，我们必须清晰地认识这个问题。如果我们不能对无用的、错误的、落后的信息进行妥善的处理，就会增加高校思想政治工作监管的复杂性和艰巨性，进而导致校园环境和社会政治的不稳定。当前，大学生在心理发展层面还处于一种不成熟的阶段，这个阶段的大学生在面对纷杂的信息时，心理素质表现得不够稳定。此外，从众心理在大学生群体中也相对普遍，因此，他们很难对一些敏感话题或热点问题进行理性处理，可能出现不可预测的事态，并造成严重的负面影响。高校应采取各种措施，如成立舆情危机事件应急处理小组、制定校园舆情应急预案、建立大学生心理档案等，以应对突发事件。这些措施可以确保高校能够在紧急情况下迅速启动应急处理预案，对受事件影响的大学生进行疏导。与此同时，还能在事件尚未发生之前，将权威和正确的信息及早在相关思想政治教育网站和论坛上进行发布，以还原真相，并让大学生了解事件的进展。这样的做法有助于稳定大学生的情绪，促进校园环境的稳定与和谐。高校还可以利用社交媒体了解大学生的思想发展动向，帮助他们正确处理敏感事件，并净化大数据环境。在筛选应急小组成员时，应该以谨慎、认真的态度为标准，选择那些在高校中展现出强烈的政治意识、敏锐的思维和理性处理问题能力的学生。高校发生突发事件的过程是逐渐演变的，为此高校应该加强应急组织机构人员的危机传播管理意识，保证信息系统有效畅通，并加强管理人员的危机传播管理知识教育，进行系统的、专业的培训，以此来提高高校对突发事件的应对能力。此外，还应该对组织体系进行健全和完善，保证人员管理的常态化发展，这也成为高校进行行政干预的重要保障。

第二，高校要建立舆情监督机构。所谓监督，指的是及时发现和纠正计划执行进程中的偏差和错误。面对高校舆情，要制定必要的规章制度，明确各个岗位人员的职责，建立健全岗位责任制，并定期或不定期地进行检查，从中发现各种矛盾，找出原因，及时采取措施，予以纠正。监督也包括对教育、教学过程的监督，这里的监督不一定就是监督人和考核人，还包括对计划、制度本身正确与否的检验和调整。监督的主要手段有检查、评比、总结、考核、教育和鼓励。为了及时发现问题、解决问题，少受损失，需要保证反馈信息系统具备灵敏性、准确性。高校舆情监督机构应当仔细审查利用媒体发布的信息，以确保有效信息的过滤整合，并尽可能提高内容的实用性，提升每条信息的质量和价值。

高校思想政治教育与行政管理是相辅相成、互相促进的统一有机体，思想政治教育是行政管理的基础，而行政管理又是做好思想政治工作的有力手段。没有行政管理的思想政治教育是软弱无力的思想政治教育；没有思想政治教育的行政管理是盲目的管理；行政管理既代表学生的根本愿望和利益，也代表学校的意志和要求。行政管理带有强制性，它是建立在合情、合理、合法的基础上，没有合理的行政管理，即使思想政治教育有些成效也难以持久。思想政治工作加强了行政管理的力度和作用，行政管理又巩固了思想政治工作的成果。所以说，行政管理也是思想政治教育的一种形式，思想政治教育也是一种管理手段，二者相得益彰。

二、打造一支优秀的思想政治教育工作者队伍

教育部《关于加强高等学校辅导员、班主任队伍建设的意见》强调指出："辅导员、班主任是高等学校教师队伍的重要组成部分，是高等学校从事德育工作，

开展大学生思想政治教育的骨干力量，是大学生健康成长的指导者和引路人。加强辅导员、班主任队伍建设，是加强和改进大学生思想政治教育和维护高校稳定的重要组织保证和长效机制，对于全面贯彻党的教育方针，把大学生思想政治教育的各项任务落到实处，具有十分重要的意义。要从战略和全局的高度，充分认识新形势下加强辅导员、班主任队伍建设的特殊重要性和紧迫性。"

高校思想政治教育工作者作为大学生日常思想政治教育的基层指挥员，大学生健康成长的人生导师、知心朋友，是加强和改进高校思想政治教育的中坚力量。为此，高校应该不断健全和完善高校思想政治教育工作者队伍建设机制，精心打造高素质的高校思想政治教育工作者队伍，为加强高校思想政治教育提供坚强的组织保证。

（一）更新观念，明确大数据定位

大数据时代的信息传输载体是新媒体，传统主流媒体尤其是具有强势地位的机关报刊、电台、电视台一直充当着舆论监督领头羊的角色。然而，随着社会转型期的到来和大数据技术的发展，传统主流媒体舆论监督的强势地位受到网络等新媒体的挑战，从舆论监督的引领者变为新媒体的跟随者。新媒体技术在教学中扮演着不同的角色。一是工具角色，作为一种教学工作实现的方式，新媒体技术能够为传统的教学课堂提供新颖的软件和硬件的组合，通过新媒体的使用，达到提升课堂教学效果、渲染课堂氛围、增加课堂感染力的目的；二是教师角色，利用新媒体技术手段，课前准备实现了人机结合，教师可以借助新媒体将备课工作做得更完善；三是学生角色，人机互动是新媒体的特色，新媒体的交互性使学生可以借助新媒体完成学习任务，成为学生学习的"知心朋友和协作者"。

在大数据时代，高校思想政治教育工作者要善待新媒体。新媒体的独特优势在诸多方面都有所体现。一方面，新媒体作为一种形式新颖的传播工具，可以开拓高校思想政治教育的平台，具有其他载体不可替代的作用。高校思想政治教育工作者可以此为载体，开辟思想政治工作新途径；另一方面，合理使用新媒体可以更加便捷地、全方位地了解大学生的心理状态，在高校思想政治教育过程中发挥着"知己知彼"的作用。高校思想政治教育工作者可以借此全方位地解读大学生的心理发展历程，有效制定和完善大学生心理疏导与教育工作的新举措。

大数据背景下，高校思想政治教育者要善用新媒体，必须深刻理解和准确把握大数据的功能和规律，积极吸收和利用大数据的特点，做到因势利导，使其更好地服务高校。一方面，高校思想政治教育工作者要重视大数据在信息传播中的地位，拥有"亲身下河知深浅，亲口尝梨知酸甜"的心态，借助大数据工具创新工作方式、方法；另一方面，高校各部门在利用大数据手段上进入了全方位多元化的领域，高校思想政治教育者绝不能仅把自己看作大数据手段和宣传领域的一个发布者和参与者，更要把自己摆在思想潮流引领者的位置上。只有这样，高校思想政治教育工作者才能成为宣传领域的积极参与者和优秀教育者。

（二）学习大数据技术，明确高校思想政治教育工作者的角色与职责

高校思想政治教育工作者的"角色定位"，指的是在高校和大学生的学习和生活中，思想政治教育工作者所扮演的角色和发挥的作用。高校思想政治教育工作者扮演着两种不可或缺的角色，一是辅导员，二是班主任。当前，高校普遍采用辅导员制度对学生进行管理。在新生入学的时候，会从高年级优秀教师中选拔出辅导员，可以是专职人员担任，也可以是兼职人员担任，主要从事的是学生管理工作、学生的思想政治教育工作、学生党团建设工作等。辅导员的角色定位概括起来就是"双重身份，亦师亦友"，辅导员既是课程的教授者，又是学生的管理者，具有"学术"和"行政"两种身份；在处理与学生的关系时，他们既是教师，又是朋友；对于大学生而言，辅导员就像是引导者、规划者、思想者，引导大学生正确发展，规划大学生生活过程，为大学生提供丰富的精神食粮。高校辅导员要将思想政治教育融入日常工作中去，引导大学生正确认识和理解马克思主义，引导大学生用发展着的马克思主义眼光去认识和理解当代中国的发展以及发展过程中遇到的各种困难，不断增强大学生对马克思主义的信仰、不断增强大学生对社会主义和共产主义的信念，引导大学生树立正确的世界观、人生观和价值观。在学生管理制度上，班主任制度同样也是一种被广泛采用的制度。每个班级都有一个教师作为班主任，他们全面负责班级学生的思想工作、学习工作、健康工作和生活工作。班主任不仅是一个班级的组织者、教育者、领导者，同时也是一个班级教育工作的协调者。班主任的职业特点决定了其理应成为学生的道德楷模，其举手投足都要对学生起到表率作用。班主任的角色定位是班级学生的教育者和组织者，是学生思想、学习、生活的指导者，把教书和育人两项职能有机地结合起来。

高校思想政治教育工作者的"职责定位"指的是在高校思想政治教育工作中，高校思想政治教育者所应该承担的一些较为具体的职责。《普通高等学校辅导员队伍建设规定》中明确提出了辅导员在思想理论教育和价值引领、党团和班级建设、学风建设、学生日常事务管理、心理健康教育与咨询工作、网络思想政治教育、校园危机事件应对、职业规划与就业创业指导、理论和实践研究等九大方面的主要工作职责。辅导员应侧重学生的思想辅导和日常管理、服务工作，班主任应侧重学生的学习指导工作。培养一支优秀的思想政治教育工作者队伍，其人员首先在思想上应过硬，其次应该对大数据技术进行合理利用。将思想政治教育与大数据技术相结合，满足当前大学生思想政治教育方面的需求，创造出具有丰富形式和多样有趣的思想政治教育内容。

（三）提高自身心理素质，增强创新意识

高校思想政治教育工作者的素质包括思想道德素质、科学文化素质、法纪素质、审美素质、身体素质和心理素质等，而心理素质是思想政治教育工作者素质的核心，在整个素质系统中处于重要地位。拥有良好的心理素质，有助于高校思想政治教育工作者进行思想政治教育。

社会进步需要创新，高校的发展也需要创新。创新意识、创新精神构成了事业开拓奋进的基石。时刻保持创新意识，时时拥有创新精神，处处体现创新信念，这是我们与时俱进的思想引擎。创新是一个民族进步的灵魂，是一个国家兴旺发达的不竭动力，也是一个政党永葆生机的源泉。

高校思想政治教育工作者必须秉持创新理念，走与时俱进之路，在这个过程中必须做到：一方面，要牢固树立"以生为本""为爱付出"的观念。"没有爱就没有教育"。爱既是一种教育手段，也是一种巨大的教育力量，既是对学生应有的崇高感情，又是对学生高度负责的体现。在对学生进行教育过程中，要把学生当作各项活动的最高主体，工作中应做到心到、口到、眼到、腿到。另一方面，要坚持"育人为本、德育为先"，把思想政治教育摆在首要位置，要牢固树立"改革创新"的观念。一是要求高校思想政治教育工作者应该从学生的内在需求出发，立足社会需求，将学校的教育目标与个人成长成才的目标相融合，为学生的成人、成才、成功尽最大可能创造条件。二是切实加强思想政治工作的有效性，从方法到手段、从理论内容对现有的思想政治教育体系进行改革与创新，实现"有破

有立"。大数据技术的发展给高校思想政治教育所带来的新情况、新问题需要我们做出新的概括和解释，这是当前时代赋予高校思想政治教育工作者的使命，也是创新和发展思想政治教育理论的新机遇。

三、重视高校网络思想政治教育建设

大数据时代背景下，网络思想政治教育建设变得异常重要。高校思想政治教育网站是做好大学生思想政治工作的重要阵地，是使网络成为弘扬主旋律、开展思想政治教育的重要手段。

当前，高校网络思想政治教育建设不尽如人意，主要表现在以下几个方面。一是发展不平衡。在网站质量上，综合性大学的网站建设起步较早而且比较规范，已建成的网站都拥有独立的域名，资源比较丰富；专科院校的网站建设相对薄弱。二是内容不够优质丰富。有些网站信息含量少，实用性不强；有些网站的信息杂乱无章，缺乏条理和重点；有些网站缺乏独特之处，缺乏协作，各自为政。三是形式不够生动形象。有些网站过于突出政治性内容，界面设计枯燥无味，缺少强烈的视觉冲击和吸引力；有些网站过多地使用图片，造成内容华而不实；有些网站的栏目设置过于烦琐；还有些网站的不同页面之间的风格和界面风格可能完全不同，缺乏关联性和指引性；有些网站的技术水平较低，没有选择先进的技术平台或软件，同时交互性也不太好，交互栏目不实用，使用率很低，形同虚设。四是缺乏积极宣传，除建立一个网站以外，网络思想政治教育还需要更加广泛的宣传和推广。

为了使思想政治教育在网络环境下更具主动性、有效性和长期性，需要建立一批思想政治教育专业网站，这些网站要有活力且能够起到示范作用，要想构建完整的思想政治教育工作网络体系，需要创建不同层次的专业思想政治教育网站、开发相应的实用的软件、建立强大的思想政治教育信息库。高校应该在以下几个方面完善网络思想政治教育：第一，队伍建设。网络思想政治教育的实效性主要取决于教育者。我们需要进一步强化对于教育者的培训力度，持续提升他们的综合素质，对资源进行整合，创建一个专兼职结合的专业的队伍，队伍中应该包含思想政治理论课教师、思想政治教育理论研究者、学生党员骨干。第二，准确定位。这是确保网站内容被正确安排、赋予适当功能，并发挥最佳效果的基本保障和前提。利用现代先进的信息手段，可以实现对思想政治教育空间和渠道的拓展，

我们应该致力于将网站建设成一个既能传递舆论宣传信息又能提升学生素质的综合平台，为大学生成才成长起到积极的作用。

四、强化自律教育，积极发挥学生组织的作用

教育部《关于加强高等学校思想政治教育进网络工作的若干意见》中指出，进一步健全有关管理办法，加强对上网师生的自律教育。各高校要进一步建立和完善有关规章制度，规范网络运作，加强对局域网、校园网的管理，加强对免费个人主页及其链接的审查，落实实名注册登记，并通过必要的技术、行政、法律等手段，阻止各类不良信息进入校园。要将管理和教育结合起来，自律与他律结合起来，通过各种形式，增强师生上网的法治意识、责任意识、政治意识、自律意识和安全意识，培养健全人格和高尚情操，树立良好的网络道德，自觉构筑抵制不良冲击的"防火墙"。自律的含义是，在没有人现场监督的情况下，通过自己要求自己，变被动为主动，自觉地遵循法度，用它来约束自己的一言一行。自律并不是让一大堆规章制度来层层束缚自己，而是用自律的行动创造一种井然的秩序，为我们的学习和生活争取更大的自由。在高校思想政治教育过程中自律有着积极的、重要的意义。

大学生可以通过以下几种方式实现自律。第一，对自我责任意识进行强化。大学生需要明确"不以规矩，不能成方圆"的重要性，明确自己对个人言论也承担责任，从而强化责任感和规矩意识。第二，在不断实践中提高自身的判断力。只有在实践中，大学生才能更深入地了解事件的真正意义和真相，从而提高判断水平和分辨是非的能力。第三，努力提升自己的道德素质。在大数据时代，只有自身具备过滤负面信息的能力，并能够消化和吸收正面信息，才能洁身自好，做到"流言止于智者"。在对信息进行传播的过程中，大学生应该做到不传播淫秽信息、暴力信息、反动信息。对于借助大数据技术损害他人利益的行为要坚决抵制，以此来健全自己的人格与品性。

高校学生组织是实施高校思想政治教育的重要行为主体。在当前网络技术不断发展和教育体制改革不断推进的背景下，大学生的学习方式和生活方式出现了翻天覆地的变化。大学生可以通过参加学生组织、参与学校活动来丰富自己的校园生活，还能借此培养自身的兴趣爱好和扩大自己的交友范围。在高校中，学生

组织有着越来越重要的地位，越来越具有影响力，逐渐成为当前高校思想政治教育工作中的重要行为主体。中共中央、国务院《关于进一步加强和改进大学生思想政治教育的意见》中指出，学生组织是加强大学生思想政治教育的一个重要环节，这充分说明高校学生组织已经成为高校思想政治教育工作的一块重要阵地。高校思想政治教育应该努力做到发挥学生组织的团队作用，积极利用大数据手段开展思想政治教育活动。例如，可以定期地利用学生组织开展相关的思想政治教育活动，定期组织学生参观彰显社会正能量的场所等。

第三节　大数据视域下高校思想政治教育的机制

一、预测预警机制

（一）预测预警机制的内容

高校为了随时客观、合理地判定评价与高校思想政治教育工作相关的种种主观因素（包括立场、发言、思想取向、行为动机、社会趋向等），会时刻通过数据挖掘、分析、处理等技术手段，收集与高校思想政治教育工作相关的宏观、中观、微观方面的变化数据，以便针对学生的观念变化情况做出预测，之后按照程度的不同，发布分级教育预警信息，在有必要的前提下，再根据各个等级采取有针对性的教育行动和管理措施。这就是基于大数据时代背景的高校思想政治教育预测预警机制的具体内涵。

高校思想政治教育工作的理论制定和具体开展必须结合当前的社会环境，这种环境不仅包括物质社会的条件、舆论等，还包括网络社会的风评动向。结合这些因素，教育者才能准确有效地构建相应的预测预警机制，并不断加以完善。其中的原理在于，高校思想政治教育永远无法脱离社会自成体系，只有依据现实社会和网络社会的各种因素进行变通和调节，才能与时俱进，为广大学生群体所接受，而不能仅仅依靠书面理论，成为封闭孤立的"院墙教育"。因此，教育工作者还需要专门构建高校思想政治教育预测预警机制的指标体系，该体系主要涉及三个角度：意识指标、生活指标和关系指标。

国家的政治体制会对大学生的人生态度和思想观念产生影响，并反馈在日常生活中，这是大学生思想政治意识的基本内容。帮助大学生树立健康积极的思想政治意识是高校思想政治教育的根本目标之一。现阶段的教育工作者往往从四个方面入手分析大学生思想政治意识指标：政治认同、政治信仰、政治情感、政治行为。

政治认同的具体范畴包括大学生所认同的政治制度、价值观念、意识形态，以及国家发展道路等，这些认同是高校及青年群体政治文化的重要组成部分。大学生不仅要对自己所处社会的制度产生认同感，坚定政治信仰，还应该对其他国家及其政治制度的优劣有合理的理解，在客观评价他国政体的同时坚定不移地拥护本国体制，这才是完整的政治认同思想体系。在培养思想政治意识的过程中，社会主义核心价值观是大学生应当奉行的基本原则，无论是在生活中还是在学习中，大学生都应该自觉学习并有意识地践行社会主义核心价值观的要求，这不但是新一代青年学生增强身份认同和凝聚力的重要途径，也是我国培养起点高、立足长远的可持续发展型人才的必要手段之一。

政治信仰意味着当代大学生应对马克思主义抱有坚定的信仰、高涨的信念和深刻的理解。一直以来，马克思主义理论都以其高度的前瞻性和科学性为中国共产党的国家建设提供长远的指导，是中国共产党坚定不移的思想意识体系，也是中华人民共和国成立后我国恒定不变的主流思想。在现实中，大学生需要从政治信仰中获得精神支柱，并学会如何正确辨别民族、阶级和国家利益，为维护集体利益奉献自我，为营造安定有序、繁荣稳定的社会环境贡献自己的力量。通过学习马克思主义，大学生应该深刻领会其思想内涵和指导方向在中国特色社会主义历史进程中的地位和作用，巩固自己的政治信仰，为推进中国特色社会主义事业贡献力量。

政治情感体现在大学生对于祖国和人民之间的关系认同以及国家意志的认同感和强烈的责任感上。在大学校园中，教师需要重视针对大学生开展的爱国主义教育，促使其增强国家意识和责任感，为建设社会主义现代化强国出一份力。政治情感并非凭空而来的，它源于大学生对祖国悠久历史文化的了解以及对当代中国社会面貌的感性认知和认同。只有对国家情况和社会环境有独立的见解，大学生才能产生真挚而可靠的政治情感。

政治行为指的是大学生在实际行动中转化和落实自己的政治观念，对国家和民族表现出坚不可摧的凝聚力和高度的责任感。除了通过参加各种社会活动来表达自己的价值观点和社会态度以外，大学生还应该加强对于权利的有效运用和维护意识，成为遵守法律、尊重他人、关心社会、有担当的公民，并通过不断学习和实践来提高自己的政治素养、公民意识和法治思维。

综上所述，大学生思想政治意识指标是衡量大学生政治素质和国家意识的基本标准，这其中涉及认知、信仰、情感和行为等多个方面。通过不断地思考和学习，大学生可以将正确的政治观念转化为具体的行动，充分发挥其在推动社会进步和民族复兴中的作用。

教师应当通过校园生活获悉大学生对常见事物的认知态度和把握程度，如本地风俗习惯、人情世故等，由此推及更深刻的层次，分析大学生在社会行为是非、善恶判断尺度等方面的观念逻辑和评价标准，掌握大学生的日常行为遵循的基本准则；教师要了解大学生对当前阶段所学思想政治概念、范畴的了解和认可程度，判断其当下的思想政治知识水平，从而更好地指导日后的思想政治教育工作；对于某些具有典型代表特征的社会现象和事件，大学生都会表现出特定的心理状态，教师应该对这一点保持足够的认识，把握其思想政治水平；教师需要及时了解大学生对热点思想政治事件的看法和态度，同学生近距离交流，在对话中分析其思维的特点及其形成的原因，熟悉大学生群体在社会问题上普遍遵循的思想行为规范，了解这种规范的由来与发展规律。有些具备高尚思想政治境界的大学生在政治生活中满怀挑战困难的志向和毅力，致力于实现一定的思想政治目的，教师应当认可并鼓励这种追求，理解学生向往的心理。

在生活方面，大学生思想政治意识指标主要涉及三个方面：首先，教师应对大学生的基本政治观念有所了解，及时评判其各种思想政治行为合理与否；其次，教师应妥善处理大学生在实际的生活和学习中面临的矛盾心理，当其面对来自多方面的理想和现实的冲突时，引导其冷静看待、妥善处理，做出合理的抉择，帮助学生顺利度过内心斗争和心理抗拒时期；最后，教师还应鼓励大学生投身社会实践活动，通过学习与锻炼，不断提升自身的思想政治境界，这种提升手段相比学生被动接受思想政治课程教育要更有效，持续力和影响力也更深远。

（二）预测预警机制中的大数据分析原理

在传统的教育阶段，教师收集全体样本的途径有限，效率较低，一般只能采用随机调研之类的方法，调查结果的准确度与样本抽取的随机性基本正向相关。但是，显然这种方式成本高昂、耗时过长，实践的难度偏大，而且需要高精确度的具体运算结果，种种代价令高校难以负担。而在云计算和数据库技术出现后，教育工作者能借助信息途径采集涉及面更广泛、总量更庞大、内容更详尽的样本数据，而且操作流程更加简化。

如此，在大数据技术的支持下，教师可以基于不放大偏差的条件，在最短的时间内掌握调查对象的大致轮廓和发展脉络，不再依赖高精确度的计算。和传统的统计分析方法不同的是，大数据依赖的并非逻辑推理方法，而是相关性分析法，也就是围绕两个及两个以上变量取值，分析其间的本质联系。以往的数据处理方法大多依赖事先设计的抽象理论模型，基于模型完成预测以及修正工作，因此很容易受到主观意识的影响；而大数据采用的是全样本分析模式，能够在很大程度上摆脱这种弊端，最大可能地减少偏差问题。在分析两个及以上数据集变化之间的逻辑联系时，分析者可以观察其中某一现象的关联物，进而推导出完整的相关逻辑，基于这种认知进一步把握当下的条件并推理未来可能产生的状况。支持度、可信度、兴趣度等参数共同构成了"相关分析"的结构，借助"相关分析"理论，分析者可以根据看似杂乱无章的数据集中总结内在的关系网络。基于大数据预判的结果，决策者可以高效准确地预警大学生的思想状况和心理活动，使高校相关教育部门获得真实有效的参考，并及时给出反应，有效预防大学生道德危机问题的产生，从源头上化解矛盾。

随着时代的不断发展，大数据技术在各个领域的应用越来越广泛。而在高校思想政治教育领域，如何适应时代发展趋势，运用先进的科技手段，完善高校思想政治意识预测预警机制，也成为当前亟待解决的问题。大数据技术的应用可为高校思想政治意识预测预警机制构建提供新思路。它通过收集、整理和分析大量的数据，挖掘出数据本身所蕴含的信息，从而为社会决策提供科学依据。

（三）预测预警机制的实践

除了诸如教务管理、高校研究项目等宏观业务层面的规划、预测以外，大数据还可以在学生个体思想政治危机这一微观层面发挥积极作用，而且其适用范围正在不断推广延伸。在高校教育的微观层面，大数据技术可以精准地评估和判断每个学生个体的变化情况和需求情况，这样，教师可以通过分析数据结果，及时锁定学生的问题，设计合理的解决方案。以大学生校园活动选举投票结果为例，我们可以采用大数据技术对该活动的投票结果进行分析，并跟踪记录其变化趋势，可以根据选举结果所对应的学院、专业等信息，对大学生的思想政治倾向进行分析和预测，最终精准地发现需要重点关注的群体或人员，并及时进行具有高度针对性的宣传教育。同时，高校思想政治教师还可以利用机器学习技术，就大学生的网络日志、微博等文本数据进行情感分析，分析其态度、观点以及语气等特征，从而深入了解大学生的思想政治倾向。除此以外，高校思想政治教师还可以利用大数据技术建立人工智能模型，通过监督学习和无监督学习的方法，对大学生的思想政治意识进行自动化分类和分析，实现自动化的思想政治意识预测预警。在预测预警机制中，教师可以将学院、专业、年级等因素纳入考虑范围，实现对不同层次、不同群体的思想政治倾向的预测与分析。

通过人工智能模型的不断优化，教师可以不断提高思想政治预测预警结果的准确率和实时性，为待出台的决策提供重要的参考意见，总而言之，大数据技术在高校思想政治意识预测预警机制中的应用，能够有效提高思想政治教育的质量和效果。在实践中，教师可以充分发挥大数据技术的优势，将其与传统教育手段结合，形成多元化、全方位的思想政治教育模式，为学生的全面发展提供更为有力的保障。

二、数据化管理机制

（一）数据化管理机制的内容

1.教育资源的数据化处理

随着大数据、云计算技术的推广，困扰高校多年的教育数据资源管理问题有了新的突破口。基于这一现状，许多高校目前都致力于以大数据、云计算技术为中心，革新教育教学环境，借此促进教育资源利用率的提升。

在大数据技术支持之下，教育界推出了一种全新的教育资源分析方法：基于云计算技术，借助现代编程技术构建一个大数据信息处理平台，利用 MapReduce[①]

---

① MapReduce 是一种编程模型，用于大规模数据集（大于 1TB）的并行运算，概念 "Map（映射）" 和 "Reduce（归约）" 是其主要思想。

的编程技术，以模型管理的方式处理数据，促进数据分析效率的提升。这种模式在实际的学生工作中的运行流程如下：首先，广泛采集学生信息数据、学习进程数据、教室条件数据、基础设备数据、检索信息数据等教育信息资源，收集并整理各种分散零碎的数据；其次，过滤无效内容，提炼其中信息分散度偏低、连续性强的部分；再次，加工后组织优质的数据表格；最后，将计算结果和分析建议交给上层进行工作决策。在这样一个数据处理平台中，学生学习和生活的方方面面都得到了及时检测，包括课堂行为、课后行为、沟通能力和娱乐行为等。根据这些检测结果，高校的数据处理人员可以进一步深入分析相关数据及其变化趋势，之后再借助数据挖掘算法，得出处理之后的准确结果，并提炼总结不同数据所包含的有参考意义的信息，使决策有理有据，符合学生的身心成长规律和即时需求，并为面临困扰的学生提出适合他们改进和突破的最优指导意见。

除了帮助学生发现和解决学习和思想政治教育问题以外，数据分析还可以帮助教师完成校园工作，借助大数据技术，就教师当前的授课效果以及学生的学习效果情况给出分析、评测和定论，并推算未来一段时间内的教与学的成效，供教师参考。大数据平台还可以总结多位教师的工作数据，从中提炼有效经验，在分析、挖掘、预测结果之后，为师生呈现当前教学工作的最佳改进策略。

2. 教育资源的数据化服务

随着数字化时代的到来，高校教育资源数据化已经成为一种趋势，它可以帮助高校管理者更好地掌握校内资源的使用情况，从而帮助他们更好地规划和协调学校教育资源的分配工作。在这个背景下，基于大数据和云计算技术的高校教育资源数据化服务应运而生，并且在不断地发展和完善。高校教育资源数据化服务的核心之一就是云计算技术，通过将学校的教育资源导入云端，可以以更加便捷的形式管理和分配不同类型、不同容积的资源。而且，云计算还可以实现资源的多样性、共享性和可访问性，这些都非常有利于提升高校教育资源的数据化服务水平。此外，云计算还能提供高效的数据存储、备份和恢复等功能，为学校教育资源的安全性提供强大的保障。

大数据技术也是高校教育资源数据化服务的重要支撑。在数字化进程日益推进的时代，学校内部产生的各种数据数量庞大，利用大数据技术可以更快更便捷地在海量信息中获取所需的信息，更好地了解学校教育资源的使用情况和具体数据的变化趋势，进而制定更加科学合理的教育资源管理策略。同时，通过数据挖掘算法等技术，可以对学生的思想政治教育情况进行跟踪分析，帮助学校更好地发现和解决学生在思想政治教育过程中遇到的问题。

数字化学习的兴起是高校教育资源数据化服务得以广泛推广的有利因素。现代教育越来越强调自主学习和互联网教育，数字化学习已经成为师生学习、工作中极其重要的一环，这也促使高校教育资源数据化服务不断完善和优化。通过数字化学习，学生能够随时随地访问校内的各种教育资源，从而实现学无止境的目标。在这种背景下，高校教育资源数据化服务也扮演着不可或缺的角色。不仅如此，高校教育资源数据化服务还有一些其他的显著优势。例如，它可以将教育资源与学生关联起来，让学生更加容易地获取到相关资源；同时它也可以为教师提供更加方便、灵活的教学工具和丰富的教学资源，让教学环节更加顺畅和高效；它还可以为学校的决策者提供大量的数据支撑和参考，方便他们做出合理的决策。

综合考虑前述因素，基于大数据和云计算的高校教育资源数据化服务在现代教育中扮演了极其重要的角色。它能够帮助高校管理者更好地掌握和分配学校教育资源，提高学生的学习效率和质量，并为学校的进一步发展提供有力的数据支撑。随着数字化时代的深入发展，相信高校教育资源数据化服务也会不断完善和创新，更好地促进学校教育事业的快速发展。

（二）数据化管理机制的作用

首先，对于高校管理者来说，数据化管理可以给高校管理者提供清晰的管理依据。数据化管理有助于其厘清管理思路，使工作目标化、制度化，减少人为过失，形成科学的管理行为。

其次，对于高校教育工作来讲，数据在教育工作中无处不在，数据化管理促使教育者有条理地记录、分析、处理日常教育工作，养成良好的工作习惯，让高校的教学过程更具条理性，同时还可以让高校在数据的基础上做出决策，为高校管理方式方法的改善与创新提供依据。

三、开放性机制

高校信息化基础设施建设的开放性要求是指在建设高校信息化基础设施时

需要考虑的一些对外交流因素。这些因素包括技术开放性、数据开放性、服务开放性以及资源共享等。在高校信息化基础设施建设中，这些开放性要求能够提供更好的平台和机制，促进信息资源的共享和利用，提升学校的整体效益和服务水平。

技术开放性是实现高校信息化基础设施开放性要求的关键之一。高校信息化基础设施建设应当采用开放式标准和通用的技术规范，以保证其操作性和兼容性。同时，高校信息化基础设施应该能够支持各种应用程序的集成和协同，使不同的应用程序可以在同一个信息平台上运行，提高数据的处理和管理效率。在高校信息化基础设施建设中，数据开放性也是至关重要的。高校信息化基础设施要能够实现数据的多样化、多角度的汇总和管理，以便于教职员工、学生或其他相关人员进行查阅和使用。为实现数据开放性，高校信息化基础设施需要支持标准的数据格式，并提供良好的数据访问接口，同时也要考虑数据的安全性和隐私保护。

高校信息化基础设施的服务开放性是其建设中的另一个重要因素。高校信息化基础设施应当为不同角色的用户提供多样化、高效的服务，同时也应该为第三方服务提供商提供基于开放协议的接口和服务。对于不同的用户，高校信息化基础设施应该提供个性化、定制化的服务，提高其行业影响力和市场竞争力。除了技术、数据和服务的开放性外，高校信息化基础设施建设还需要考虑资源共享等问题。资源共享是推进高校信息化基础设施开放性的一种有效手段。高校可以通过引入其他单位或用户的资源，共享他们的教学资源、图书馆资源、实验室设备等，从而提高整个学校的学术水平和教学质量。在建设高校信息化基础设施时，可以通过物理设备和数字化技术等手段促进资源共享。例如，高校可以建立数字化图书馆、实验室管理系统，以实现数字化教学资源的在线共享和使用。

高校信息化基础设施建设的开放性要求，不仅有利于提高教学、科研效率，同时也能够促进信息资源的共享与利用，降低成本，减少资源浪费。在实现高校信息化基础设施建设的开放性要求中，需要注重技术支持和管理控制，保证信息安全和隐私保护，确保信息化基础设施稳健可靠地运行，为教育事业的全面发展提供坚实的支撑。通过建立开放性的高校信息化基础设施，可以更好地服务于教育事业的发展，提高社会的整体文化素质和价值观念，为数字化时代的到来做好准备。

四、评价机制

（一）评价机制的新要求

虽然各大高校已经收集了大量的教育数据，但是由于数据内容总量冗杂，依然无法充分发挥其优势。随着大数据时代的到来，高校思想政治教育也要更加注重多样性。这是因为在高度通达的信息时代，人们的信息获取和传播方式已经发生了巨大的变化，传统的教育方式已经无法满足学生的需求，应该采取更加多样化的教育方式。首先，教育内容丰富。在大数据时代，学生接受信息的渠道不只有传统的课堂教育，还包括网络、社交媒体等渠道。因此，针对不同的学生群体，应该提供更加丰富多彩的教育内容，以适应他们不同的学习风格和兴趣爱好。例如，可以拓展教育内容的形式，引入电影、音乐、文学等多种文化艺术领域的素材，使思想政治教育更具有趣味性和吸引力。其次，教育方式灵活。传统的课堂教育模式已经不能满足学生的需求，教育方式要更加灵活多样。例如，采用线上线下相结合的教育方式，提供多种学习工具和平台，以满足不同学生的学习需求。同时，也可以采用个性化教育模式，根据学生的不同背景、特点和兴趣，定制一些个性化教育方案，使教育内容和形式更加适合学生自身的发展趋势。再者，多维度评价教育效果。传统的评价方式只注重学生的知识掌握情况，忽略了学生的思想观念和人格塑造等方面。但是在大数据时代，应该更加注重多维度的评价方式，如学生的思想品质、社会责任等方面的评价，在全方位地了解学生发展状况的情况下，才能真正满足学生多样化的要求，使教育效果体现得更加明显，进而更好地推动教育的发展。

然而，当下的教育评价体制仍然无法充分利用数据的综合使用功能，无法统一分析内外部数据并有效抽取教育数据。在数据的综合使用方面，目前的教育评价体制还存在着许多局限性和不足。首先，教育评价体制在数据的获取方面存在一定的局限性。目前，教育评价的数据主要源于学校、教师、学生等单一方面的数据汇总，数据来源的空间范围较小。这种单一数据来源的方式可能会导致教育评价结果的片面性和失真性，难以准确反映整个教育过程的情况。其次，在数据的分析和处理方面，目前的教育评价体制也存在一定的局限性。传统的教育评价主要采用简单的统计方法进行分析和处理，没有引入更加先进的大数据挖掘与分析技术，因此难以得出更加精准和全面的评价结果，并且也难以有效挖掘数据中的潜在价值和信息。再次，在评价内容和指标设置方面，目前的教育评价体制也存在着局限性。由于教育评价体制对于教育的各个方面都会进行评价，因此评价内容和评价指标都过于冗杂，难以有效地关注到学生的发展和教育过程中的重点问题。此外，由于评价内容和指标的设置缺乏灵活性和可塑性，教育评价体制也难以快速适应教育改革的需求。最后，在评价结果的使用和应用方面，目前的教育评价体制也存在着一定的不足。传统的教育评价主要是通过分数等方式进行整体评价，没有达到个性化评价的要求。此外，评价结果的应用范围较为狭窄，往往只用于学生的录取和升学，难以满足教育发展的多元化需求。总之，当前教育评价体制在数据的综合使用方面存在局限和不足，需要加强数据的获取、分析和处理工作，优化评价内容和指标设置，拓宽评价结果的应用范围等，才能更好地满足教育发展的需求，推动教育事业不断进步。

（二）评价机制的内容

基于大数据技术的高校思想政治教育评价机制主要包括以下几个方面。

数据采集是首要环节，在此过程中需要利用各种大数据技术手段收集尽可能多的数据。这些数据的来源包括在线调查、问卷调查、日志数据等各种渠道。还可以通过对网络上的文本、图片、视频进行属性提取和情感分析，得出一定的结论，为后续的数据分析提供支持和帮助。

在数据采集完成后，得到的各种数据很可能存在不规范、冗余和杂乱无章等问题，因此需要对这些数据进行预处理，以使其变得规范统一，便于后续的数据挖掘和分析。具体的处理方式包括数据清洗、数据集成和数据变换等。其中，数据清洗主要是对数据进行了解、筛选、转换等操作，以达到消除数据噪声、处理数据缺失等目的；数据集成则是将不同来源的数据进行整合，构建一个完整的数据集，便于进行更加深入的分析；数据变换则是对数据进行转化，使其适应数据挖掘和分析的需求。

数据挖掘是核心环节，通过数据挖掘可以对数据进行多角度、多维度的分析，从而发掘出其中蕴含的有价值的关联性和规律性。具体的挖掘方式包括聚类分析、分类分析、关联规则分析等，这些分析手段可以在各种场景中应用。

数据可视化是数据挖掘的结果呈现形式，将分析的结果以图形化、可视化的方式进行展示，帮助人们更好地理解数据的内涵和特点，同时也能够直观地了解到教育评价的情况。常见的数据可视化方式包括柱状图、折线图、饼图、散点图等。

数据清洗、数据集成、数据挖掘和数据可视化，这些技术可以帮助评价人员更好地了解大学生的思想状况、政治立场、文化素质和社会责任感等方面的情况。同时也能够帮助高校了解学生对于各项教育政策的反应和接受程度。这些信息对于高校制定有针对性的教育政策、促进学生全面发展至关重要。总之，基于大数据技术的高校思想政治教育评价机制的引入和应用，可以为高校思想政治教育的实施提供更为科学、精准的帮助，同时为高校领导制定教育和管理政策提供了更多的依据和支持，对于培养有良好思想道德素质、具备健康心理和扎实专业知识的优秀大学生起到促进作用。

（三）评价机制的功能

大学生思想政治教育评价机制是教育领域中非常重要的组成部分。它以高校思想政治教育为核心，通过对大学生的思想活动、行为特点、心理发展等多个方面进行综合评价，从而提出行之有效的改进意见和建议，以便更好地提高高校思想政治教育的质量。

在大学教育过程中，大学生思想政治教育评价机制发挥着至关重要的作用。一方面，它可以帮助高校教育工作者全面了解和掌握大学生的思想政治教育状况，及时发现问题和弱点，提出有针对性的教育改革方案，促进高校思想政治教育水平的不断提高；另一方面，它也可以为大学生的个人成长提供准确的指导和帮助，引导其形成正确的世界观、人生观和价值观。

大学生思想政治教育评价机制的功能主要包括以下几个方面：首先，该机制能够科学评价大学生的思想政治教育状况，评价机制通过收集、整理、分析和处理各种数据和信息，来全面、准确地评估大学生的思想政治教育状况。这些数据和信息包括大学生的行为表现、心理状态、学习成绩、社会活动等多个方面，利用科学的评价标准、模型和方法，综合分析不同数据的特点和规律，从而得出一个科学、全面、客观的评价结果。其次，通过评价机制，教师能够及时发现大学生的优势和问题，为教育内容、方法等的改进提供依据。评价机制通过对大学生的思想教育状况进行分析，并将分析结果按照不同的因素进行分类和归纳，从而可以发现大学生在思想政治教育方面的优势和问题。这些数据和信息可以为高校教育工作者提供有效的参考和依据，以指导他们的工作。同时，这些数据和信息可以为高校领导制定具有针对性和可操作性的思想政治教育改进方案提供依据。最后，评价机制通过一系列的评估指标和方案，可以为大学生提供个性化的成长指导和服务。例如，对于思想政治教育中存在的问题和难点，可以通过调整教学方式、利用特殊资源等措施，为大学生提供个性化的帮助。同时，评价机制还能够为大学生提供相关课程、在线学习和社会实践等服务，以帮助他们更好地成长和发展。评价机制本身是教育评价体系的一个非常重要的组成部分，还是助力高校构建科学合理的教育评价体系的关键。通过不断地完善和改进评价机制，可以帮助高校建立起科学、合理、可持续的教育评价体系。这个体系可以为高校思想政治教育工作者提供更多的数据和信息，以便他们更加深入地了解大学生的思想政治教育状况，从而制定出更有针对性的教育改进措施，并不断提升大学生的思想政治教育水平。

总之，大学生思想政治教育评价机制在高校工作中发挥着至关重要的作用，它可以帮助高校思想政治教育工作者更好地了解和把握大学生的思想政治教育状况，为教育改进提供有效的依据与参考，为大学生的个人成长提供准确的指导和帮助。

第四章 大数据视域下高校思想政治教育创新

数据是信息时代的重要资源，在驱动思想政治教育创新方面展现了新的价值。大数据视域下高校思想政治教育创新的具体体现有四个层次：内容创新、方法创新、队伍创新、管理体制创新。

第一节 大数据视域下高校思想政治教育的内容创新

思想政治教育的内容是思想政治理论教育目标的具体体现。我国高校思想政治教育的主要内容是社会主义主流意识形态教育，来自对不同形式的社会主义实践的提炼总结，因此能够体现可操作性和现实性。当然，为了顺应时代的发展趋势和学生的心理特点，思想政治教育的具体内容应该保持灵活的变通性。这样一来，从教育的最终目标和现实对象出发，维持调整的状态，遵循时代精神适当扩充、删减和延伸，就成为思想政治教育创新的首要任务。

一、高校思想政治教育内容创新的目标、原则与理论依据

（一）高校思想政治教育内容创新的目标

高校思想政治教育内容创新的目标是一个多元的综合体系。我国高校思想政治教育内容的创新是为了继承和坚持马克思主义思想理论和政治立场，坚持和发展中国特色社会主义理论体系，用习近平新时代中国特色社会主义思想武装高校思想政治教育体系，弘扬和培育民族精神、时代精神。

1. 继承和坚持马克思主义思想理论和政治立场

中国近现代史已经证明，马克思主义的指导地位和中国共产党的领导地位的确立都具有历史的必然性。作为社会主义国家，中国共产党代表无产阶级和中华

民族成为中国特色社会主义事业的领导核心，中国共产党的指导思想马克思主义也必然成为当代中国社会意识形态的核心，并进而成为高校思想政治教育的指导思想。马克思主义指导思想决定了社会主义核心价值体系的性质与发展方向。继承和坚持马克思主义思想理论和政治立场，是社会主义核心价值体系教育的核心要求，也是维护社会主义文化建设的性质与方向的必然要求。我国高校的首要任务就在于培养"四有"的社会主义事业接班人。高校思想政治教育内容创新的首要目标就在于更好地继承和坚持马克思主义思想理论和政治立场，使马克思主义在社会主义意识形态领域中居于指导地位。

2. 坚持和发展中国特色社会主义理论体系

中国特色社会主义理论体系是马克思主义中国化的理论成果。中国特色社会主义理论体系是高校思想政治教育的指导思想，同时也是高校思想政治教育的内容。当前我国经济社会发展已进入重要的调整时期，中国特色社会主义理论在实践中不断丰富和发展，既继承和发展了中华民族的优秀传统文化，也批判地吸收和借鉴了世界各国的优秀文明成果；既体现了思想道德建设上的先进性要求，又体现了广泛性要求；既坚持了社会主义先进文化的前进方向，又符合不同层次群众的思想状况；既具有广泛的适用性和包容性，也是联结各民族、各阶层的精神纽带。当代高校青年学生思想活动和心理活动有明显的差异性，同时其思想意识独立性和选择性也非常强。所以，高校思想政治教育内容需要在继承和坚持马列主义经典理论的同时，创新并发展中国特色社会主义理论体系，使中国特色社会主义理论体系进课堂、进教材、进学生头脑，用这一理论体系教育和武装高校青年学生，使他们坚定马克思主义的理想信念，真正地理解、掌握和学会运用中国特色社会主义理论指导自己的实践和生活。高校思想政治教育内容的创新可以让高校思想政治教育更加贴近大学生实际，更易于为大学生所接受，也能够更好地坚持和发展中国特色社会主义理论体系。

3. 用习近平新时代中国特色社会主义思想武装高校思想政治教育体系

用习近平新时代中国特色社会主义思想武装高校思想政治教育体系，是贯彻落实党的十九大精神的重大举措，是办好中国特色社会主义大学的根本任务，是培养德智体美劳全面发展的社会主义建设者和接班人的关键所在。要坚持立德树人，把培育和践行社会主义核心价值观融入教书育人全过程，把思想政治工作贯穿教育教学全过程，实现全程育人、全方位育人，努力开创我国高等教育事业发展新局面。

4. 弘扬和培育民族精神、时代精神

中华民族的民族精神以爱国主义为核心，包括团结统一、勤劳勇敢、爱好和平以及自强不息的精神。它支撑中华民族创造了灿烂的文明，生生不息、连绵不绝，表现出强大的生命力。民族精神是一个民族的脊梁，也是一个民族信心和力量的源泉。时代精神是每一个时代特有的普遍精神实质，是一种超脱个人的共同的集体意识。时代精神集中表现在社会主体意识形态之中，但是在社会发展过程中，并不是所有的意识形态中的各种现象都能够表现出时代精神，只有某些体现时代发展潮流的意识形态才能成为这个时代的精神文明，才能对社会生产发展产生积极影响，才是符合时代精神的具体体现。时代精神是一个时代的人们在文明创建过程中所体现出来的优良品格和精神风貌，是激励一个国家和民族奋发图强的强大精神动力，也是新时代精神文明建设的重要内容。所以，当前高校思想政治教育内容的创新必须弘扬和培育民族精神和时代精神。

（二）高校思想政治教育内容创新的原则

强调高校思想政治教育内容创新，绝不是随意所为，必须坚持原则。高校思想政治教育内容的创新只有坚持必要的原则才能有所依循，才能保障思想政治教育内容的创新符合培养社会主义"四有"接班人的需要，也才能使高校思想政治教育内容的创新工作健康有序地进行。

1. 坚持马克思主义理论的指导地位

马克思主义理论是社会主义核心价值体系的灵魂，是我们立党立国的根本指导思想。高校思想政治教育的内容也必须以马克思主义理论为指导。马克思主义理论的指导地位在高校思想政治理论教育内容方面丝毫动摇不得。随着改革开放的深入，我国社会经济成分、组织形式、利益关系和分配关系日益多样化，人们的价值选择、社会意识、生活方式也日趋多样化。面对诸多变化，我们既要尊重差异、兼容并蓄，更要强调和坚持指导思想和主导价值的地位，重视和巩固社会主义的理想信念，用共同理想凝聚力量，并坚持马克思主义的指导地位不动摇。只有这样，才能最大限度地形成思想共识，充分挖掘和鼓励不同阶层、不同群体所蕴含的积极向上的思想力量，齐心协力建设中国特色社会主义。

2. 坚持以中国特色社会主义理论体系为主体

中国特色社会主义理论体系是马克思主义基本原理与中国具体实际相结合的理论结晶。自中国共产党成立以来，始终坚持以马克思主义的世界观和方法论作为指导，在领导中国人民进行革命与建设的过程中，始终将马克思主义的基本原理同中国的具体实际相结合，创立了马克思主义中国化的社会主义理论体系。中国特色社会主义理论体系是中国共产党在马克思主义的指导下，立足于当代中国社会实际，整合发展中华民族优秀文化，在中国特色社会主义革命和建设的伟大实践中，不断创新发展、解决现实问题、推进社会主义理论创新的结晶。当前，我国在经济社会各方面所取得的巨大成绩均得益于我们在社会主义现代化建设中开辟了中国特色社会主义道路，形成了中国特色社会主义理论体系。马克思主义中国化是马克思主义在中国传承与发展的重要成果，是中国特色社会主义现代化事业的理论指南，同时更是中华民族的宝贵精神财富。在高校思想政治教育内容创新过程中，要始终坚持以中国特色社会主义理论体系为主体，同时运用这些理论来指导和创新高校思想政治教育内容。

3. 坚持以学生为本，从学生实际出发

高校思想政治教育内容的创新要坚持以大学生为本，突出大学生的主体地位。历史唯物主义认为，人民群众不仅创造了物质财富，也创造了社会精神财富，是社会变革与发展的决定性力量。人民群众是历史前进的推动力量，是历史的真正创造者。社会发展的目标是为了实现人的全面而自由的发展，所以促进大学生的全面发展是高校思想政治教育内容创新的目标。高校思想政治教育内容的创新就是要进一步做好大学生的思想工作，就是要真正以大学生为本，尊重和满足大学生的物质和精神发展需要，发挥大学生的能动性和创造性，促进大学生全面发展。高校思想政治教育内容创新是实践中的创新，现实的创新性实践活动必将推动高校思想政治教育内容的不断完善，增强其实效性。因此，高校思想政治教育内容创新必须贴近当代大学生的实际，坚持以学生为本，在实践中发展和创新与高校思想政治教育相适应的内容。

4. 坚持借鉴继承与开拓创新相结合

继承是发展和创新的前提和基础。历史上任何时期的高校思想政治教育内容都是总结前一个时期的成功经验和在现实基础上建立起来的。如果离开前一时期

的高校思想政治教育内容，就相当于失去了其继续发展和理论创新的条件；如果抛弃了以前的社会发展历史，高校思想政治教育内容的发展和创新就丧失了基础和前提。同时，借鉴和吸收西方教育内容发展的相关有益经验为我所用可以更好地充实和丰富高校思想政治教育内容。借鉴继承的内在目的和必然要求是发展创新，而发展创新则以继承借鉴为前提与基础。所以，高校思想政治教育内容的创新必然是在继承借鉴基础上的开拓创新。高校思想政治教育内容创新不仅要借鉴继承其他相关学科的理论知识，更要在其他学科的理论知识提供的全新理论视野下与时俱进、开拓创新，不懈地建构符合时代要求的高校思想政治教育新体系。[①]

（三）高校思想政治教育内容创新的理论依据

理论依据主要是与思想政治教育密切相关的历史唯物主义的基本原理和中国化马克思主义理论体系的重要原理以及习近平新时代中国特色社会主义思想的重要理念等。其中，马克思主义关于社会存在与社会意识的辩证关系原理以及上层建筑与经济基础的辩证关系原理是最基本的理论依据；马克思主义人学理论以及社会主义精神文明建设的原理则是直接的理论依据；习近平新时代中国特色社会主义思想是必须坚持的重要理念。

第一，社会存在与社会意识辩证关系原理要求高校思想政治教育内容不断创新。恩格斯指出："每一历史时代的经济生产以及必然由此产生的社会结构，是该时代政治的和精神的历史的基础。"[②] 历史唯物主义认为，社会存在与社会意识二者是辩证统一的。社会存在决定社会意识，社会意识又反映着社会存在，社会意识是对社会存在的主观反映，产生于现实的社会存在。唯物史观向我们揭示了社会存在与社会意识之间的辩证关系。社会存在是社会生活的物质方面，主要包括生产方式、人口因素和地理环境等方面；社会意识主要是指社会生活的精神方面，包括政治、法律、哲学、道德、科学以及社会心理和风俗习惯等方面。社会存在与社会意识的辩证关系原理为高校学生思想状况原因的分析以及基于此的高校思想政治教育内容的制定提供了科学的理论基础。

---

① 周伟音.三十年来高校思想政治教育内容创新研究 [D].齐齐哈尔：齐齐哈尔大学，2014.

② 恩格斯.1883 年德文版序言 [M]// 马克思，恩格斯.马克思恩格斯共产党宣言.北京：人民出版社，1997：7.

历史唯物主义基本原理告诉我们，社会意识的发展具有不可忽视的历史继承性。同时，社会意识与社会生产力发展水平又是不平衡的，具有很强的相对独立性。社会意识并不完全依赖于社会生产力发展水平，即便是在落后的社会物质条件下也可能产生先进的社会意识和社会文化。而且各种社会意识形态一经存在，彼此之间就会相互作用和影响。而在这些思维形式中，社会意识处于主导、支配的地位，同时，社会意识对社会存在的发生发展起反作用时，可能促进社会进步，也可能阻碍社会的进步发展。顺应历史发展趋势的社会意识一旦被人民群众所掌握，就能够成为人们改造现实世界的巨大力量，具有推动社会发展的巨大动力。发挥社会意识的能动性，必须通过具有目的和意识的人的社会实践活动，才能够得以实现。正是基于这一原理，我国高校思想政治教育内容的发展和创新过程中要始终坚持不懈地用马克思主义理论和中国特色社会主义理论教育广大高校青年学生，使他们树立共产主义的远大理想，坚定他们走中国特色社会主义道路的信念。

第二，上层建筑与经济基础关系原理要求高校思想政治教育内容不断创新。在马克思主义哲学理论体系中，经济基础主要是指在社会发展到一定阶段后形成的社会经济制度，即社会生产关系的总和。马克思主义认为，经济基础是上层建筑的基础，一定的经济基础和一定的上层建筑共同构成一定的社会意识形态。上层建筑是指建立在一定的经济基础上的社会意识形态以及与之相适应的政治法律制度和设施等的总和。在阶级社会中，政治法律制度和设施是上层建筑的重要组成部分，通常简称为上层建筑。马克思主义认为，经济基础和上层建筑具有辩证关系，即经济基础和上层建筑是辩证统一的。一方面，经济基础决定上层建筑。经济基础是上层建筑赖以产生、发展和存在的物质基础；经济基础的性质决定上层建筑的性质；经济基础的变革必然能够引起上层建筑的变革，并因此而决定着其变革的发展方向。另一方面，上层建筑对经济基础同时具有反作用。上层建筑会为自己的经济基础的形成和巩固服务。上层建筑能够通过多种多样的形式反作用于经济基础，而思想政治教育就是其中极为重要的形式。如前所述，中国高校思想政治教育的内容必然是中国共产党和社会主义国家通过高等院校教育教学实践对高校学生进行有规划、有组织的教学活动中所蕴含的思想政治、道德法纪和心理健康等方面的实质性内容。实践已经反复证明，在中国特色社会主义革命和建设过程中，中国共产党的思想政治教育工作发挥了巨大的能动作用，不仅保障了经济发展工作以及其他工作，使其沿着社会主义建设道路的发展方向前进，而且提高了社会主义建设者的思想政治觉悟，使他们焕发出蓬勃的劳动生产积极性。同时，中国共产党的思想政治教育内容在高等教育中的推行，也为社会主义现代化建设事业培养了大批合格的社会主义事业的建设者和接班人。高校思想政治教育内容是高校思想政治教育的基础，要发挥高校思想政治教育的重要作用，必须推动高校思想政治教育内容与时俱进地创新，使教育内容始终符合历史进步的趋势，符合我国社会经济发展的要求。

第三，马克思主义人学理论指出了高校思想政治教育内容创新发展的方向。马克思主义认为："人的本质不是单个人所固有的抽象物，在其现实性上，它是一切社会关系的总和。"[①] 人的本质不是一成不变的，是随着社会关系的发展而不断发展变化的，在不同的生产力发展阶段，由于生产关系不同，因此人的本质也不尽相同，社会关系对人的本质形成具有决定性的作用。对当前高校学生思想特点的认识是我们思考问题的前提，要想把高校思想政治教育内容传输到学生的脑海里、心坎上，就必须从当代大学生的实际情况出发。马克思主义人学理论以人为研究对象，揭示了人的生存、发展的规律。高校思想政治教育内容发展和创新的目的是促进大学生的全面发展，培养社会主义建设的"四有"新人，因此两者在本质上是一致的。马克思主义人学理论指出了高校思想政治教育内容创新发展的方向，运用马克思主义人学理论可以引导高校思想政治教育内容创新和发展。我们要在高校思想政治教育内容发展和创新中运用人的本质的理论，从高校学生的社会属性出发，准确判断当代高校学生的思想观念，在高校学生现实的社会关系基础上设置思想政治教育内容，结合各种社会关系的处理引导广大高校学生把个人价值和社会价值结合起来，在为社会做贡献的同时实现个人价值。

第四，社会主义精神文明建设的原理要求高校思想政治教育内容不断创新。改革开放以来，中国共产党将精神文明与物质文明建设共同作为我国社会主义现代化建设的目标，逐步提出并且不断完善了中国特色社会主义精神文明建设的理论体系以及一系列理论内容。社会主义物质文明与社会主义精神文明之间具有紧

---

① 马克思.关于费尔巴哈的提纲 [M]// 马克思，恩格斯.马克思恩格斯选集.北京：人民出版社，1995：56.

密联系，社会主义精神文明建设需要以社会主义物质文明建设为基础，社会主义物质文明建设需要社会主义精神文明为其提供精神动力和智力支持。思想道德建设属于社会主义精神文明建设的理论范畴，思想道德建设决定着精神文明建设的社会主义性质和发展方向；社会主义精神文明建设同时还包含教育科学文化建设，教育科学文化建设是提高人民群众道德水平和思想觉悟的重要保障。思想道德建设与教育科学文化建设相互影响和渗透，其关系处理得当就可以互相促进、共同发展。社会主义精神文明建设理论内容不仅创造性地发展了马克思主义经典理论，而且成为中国化马克思主义理论体系的有机组成部分。

第五，习近平新时代中国特色社会主义思想的重要理念要求高校思想政治教育内容不断创新。高校思想政治教育的目标要求是增强学生的政治素养和使命担当，使学生系统掌握马克思主义基本原理和马克思主义中国化理论成果，了解党史、新中国史、改革开放史、社会主义发展史，认识世情、国情、党情，深刻领会习近平新时代中国特色社会主义思想，培养运用马克思主义立场、观点、方法分析和解决问题的能力，自觉践行社会主义核心价值观，尊重和维护宪法法律权威，识大局、尊法治、修美德，有序参与公共事务，勇于承担社会责任，积极行使人民当家作主的政治权利，明方向、遵法纪、知荣辱，衷心拥护党的领导和我国社会主义制度，形成做社会主义建设者和接班人的政治认同。

二、高校思想政治教育内容创新的任务及要求

（一）创新思想政治教育内容的价值取向

教育的本质是对人的全面发展进行引导和培养，而教育的核心则是培养学生的创新能力。随着时代的发展和教育环境的变化，人们对于创新教育的需求越来越强烈，而创新思想政治教育恰恰是促进创新教育实现的重要途径之一。从教育功能的角度出发，创新思想政治教育内容的基本价值取向体现在培养学生的创新意识和创新思维、促进学生的思想解放和自由创新、引导学生树立正确的创新价值观、培养创新型人才几个方面。

创新意识和创新思维是创新能力的核心。高校可以通过开展创新教育和创新实践活动，引导学生掌握创新理论知识，了解创新思维的本质和特点，提高学生

的创新敏感性和创新意识，激发学生的创新潜能，培养学生的创新能力。例如，在教材的编写过程中，可以注重学科融合和创新性设计，引导学生学习创新性思维和方法。同时，可以为学生提供创新实践的机会，让学生在实际操作中不断摸索、尝试，进而培养学生的创新能力和自主学习能力。

创新思想政治教育内容的基本价值取向强调创新精神和人的自由发展意识，强调个性化教育和自主学习。因此，它可以帮助学生解放思想，打破传统教育的束缚，追求自由发展和个性化成长。通过这种教育方式，可以让学生具备创新精神和开放心态，有勇气和能力去尝试更多新颖的想法，进而为创新教育奠定坚实的基础。

创新思想政治教育内容的基本价值取向注重培养学生的社会责任感和协作能力，鼓励学生参与创新实践并推动社会发展。通过开展一系列创新实践活动，引导学生树立正确的创新价值观，将人文关怀和社会责任融入创新教育中。例如，可以引导学生关注社会热点问题，如环保、健康、公益等方面，并开展与之相关的创新实践活动，让学生了解社会现状并思考如何通过自己的创新能力来解决问题，进而提高学生的社会责任感和协作能力。

创新思想政治教育内容的基本价值取向有助于培养创新型人才，这是国家和社会发展所必需的。在当今社会中，各个行业和领域对创新型人才的需求越来越强烈，尤其是在高新技术、数字经济、教育科技等领域，创新型人才已经成为重要的生产力，因此，创新思想政治教育内容的基本价值取向应该紧密围绕人才培养目标，结合社会需求和时代发展的要求，开展全方位、多层次的创新教育，为培养创新型人才奠定基础。

综上所述，创新思想政治教育内容的基本价值取向对于创新教育的发展和实现起到至关重要的作用。它可以帮助学生树立正确的创新价值观，培养创新意识和创新思维，促进学生的思想解放和自由创新，培养创新型人才，为创新教育的发展奠定基础。

（二）高校思想政治教育内容创新的基本要求

当前，解决青年学生现实生活遇到的实际问题，提高思想政治教育的实效性，不断创新思想政治教育内容，既是时代发展的需要，也是高校思想政治教育工作者的历史使命。因此，要做好以下几个方面的工作。

1.世界观教育

对于任何社会历史条件下的思想政治教育来说，世界观教育都是最根本的内容，是其他教育内容的奠基石，在经济全球化大趋势的背景下更是如此。习近平总书记把世界观、人生观、价值观比喻为思想政治教育的"总开关"。这无疑凸显了世界观教育的重要性。

大学生世界观教育是指大学在人文科学、社会科学、自然科学等多领域深入探究，对大学生进行的思想政治教育和理论教育。大学生世界观教育的主要目的是引导大学生树立正确的世界观、人生观和价值观，提高他们的人文素养和社会责任感，为其未来成长和社会发展打下良好的基础。随着经济、社会、文化等方面的迅速发展，人们对大学生世界观教育的重视程度也越来越高。尤其是在当前经济全球化、信息化背景下，大学生作为未来的中坚力量，他们的世界观、人生观和价值观直接影响着整个社会的发展方向和未来走势。因此，大学生世界观教育具有非常重要的意义。大学生世界观教育注重培养大学生的自主学习能力和自我认知能力，鼓励大学生多角度地了解和掌握世界的本质及人类未来的发展方向，提高自身的综合素质和创造力。这样可以使大学生更好地自我净化、自我完善、自我革新、自我提高，促进其个性化成长。大学生世界观教育注重人文性、艺术性、美学性的培养。通过古今中外文化知识的学习，引导大学生深入思考、了解各种文化背后的精神内涵和历史背景，从而提高其对文化和人文价值的理解和欣赏能力。

大学生世界观教育不仅可以促进大学生个人的成长与发展，也可以为大学生就业提供更多的优势，提高其在职场的竞争力。在当今复杂多变的社会环境中，拥有较高的人文素养和全面的知识技能更能得到企业的青睐。因此，大学生应加强对人文科学和社会科学等领域相关专业的学习，注重综合素质的培养和提高，从而增强在职场中实现自我价值的能力。

总之，大学生世界观教育对于大学生成长和社会发展具有非常重要的意义。它不但涵盖了文化、历史、艺术、人文等多方面底蕴，同时也关乎大学生的自我认知、人格培养、社会责任感等方面。只有通过世界观教育，才能让大学生更深刻地认识自我和社会，做出更有价值的贡献。高校思想政治教育工作部门应创新理念，为构建大学生世界观教育长效机制提供思想保障；加强队伍建设，为构建大学生世界观教育长效机制予以组织保障；通过科学管理，为构建大学生世界观教育长效机制提供制度保障；加大经费投入，为构建大学生世界观教育长效机制提供条件保障。在大学生世界观教育中，高校应强调社会责任感的培养。通过开展志愿者服务活动、社会实践活动等，让大学生亲身体验社会现实，增强承担社会责任和推动社会进步的意识，以此推动社会发展。随着经济全球化进程的加快，大学生世界观教育也越来越注重国际化视野的培养。大学生需要了解不同文化和不同国家的人民、经济、政治、文化等方面的发展状况和特点，加强国际化视野和国际交流能力，提高自身的竞争力。

2. 政治观教育

当前，思想政治教育的内核在于正确的政治观教育。在当前复杂多变的国际形势和中国特色社会主义事业发展的大背景下，对大学生进行深入的政治观教育显得尤为重要。

首先，大学生政治观教育有利于促进我国社会的全面进步。众所周知，中国特色社会主义是中国特有的一种社会制度。中国特色社会主义制度的形成和持续发展离不开人民群众的支持和拥护。而新时代的人民群众中，大学生作为一个重要的群体，他们的政治意识与态度直接影响着公共政策的制定和执行，影响着全国各项事业的推进。如果大学生整体缺乏正确的政治观念，就有可能导致社会的动荡和不稳定，阻碍中国特色社会主义事业的发展。因此，大学生政治观教育对于我国维护社会稳定、推进社会全面发展是至关重要的。在社会生活中，任何公民的行为举止、言论思想都是无法脱离特定的政治背景而存在的，从这个角度来说，大学生政治观的水准也是教育工作乃至国家建设中至关重要的一环，政治观教育的水平会直接影响大学生个体的健康成长，并在未来的社会主义建设中表现出来。因此，政治观教育关乎中国特色社会主义事业的前途和命运，各高校务必重视对大学生的政治观教育。其次，大学生政治观教育可以促进民族团结和国际交流。在当今日益复杂多变的国际形势下，各个国家之间的政治关系错综复杂，既有合作又有竞争，而极端主义思想和分裂思想也在一些地方悄然兴起。这种情况对世界和发展构成了严重挑战，需要我们保持高度警惕，积极应对。而大学生作为一个具有开放心态和广阔国际视野的群体，在国际交往中扮演着重要的角色。只有通过政治观教育，引导大学生树立正确的国家观，形成正确的国际交往方式，才能促进国际文化交流和相互理解，在维护民族团结和国际友谊方面做出积极贡献。最后，大学生政治观教育有利于激发大学生的社会责任感和创新精神，为我国制造业和科技创新事业培养更多的高素质人才。如今，我国正在向创新型国家转型，每个人都需要具备创新精神和创造力，特别是大学生这一群体更是如此。同时，从社会角度来看，每个人都有责任和义务去回报社会，而大学生是社会中的精英群体，他们的责任和义务也更加重大。在高校政治观教育中，可以引导大学生树立社会责任感，培养创新精神，让他们从事创造性工作，推动我国科技和制造业向前发展。总而言之，大学生政治观教育意义重大。它不但涵盖了政治思想、理论和知识等方面，更重要的是注重学生综合素质和思维能力的培养，鼓励学生多角度地了解和掌握国家发展战略和社会发展状况，促进学生健康成长和积极投身社会生活。唯有通过深入系统的大学生政治观教育，我们才能引导大学生打破陈旧的思想观念，树立正确的政治道德观，培养乐观自信的心态。这样，他们不仅能够更好地理解社会，而且能够积极参与到推进中国特色社会主义事业中去，以他们的知识、才能和热情，为社会主义事业的发展做出更大的贡献。

3. 人生观教育

青年大学生，朝气蓬勃，思维敏捷，勇于创新，积极进取，身心发展处在"活跃—动荡—变化—成型—基本定型"这样一个过程之中。处于人生关键时期的大学生建立什么样的人生观，对其个人和社会来说都是至关重要的。针对当前高校大学生的思想状况及存在的问题，加强和改进高校思想政治教育工作应把人生观教育作为重点和突破口，并在深化大学生人生观教育的工作实践中拓展有效途径。

高校思想政治教育一直都非常注重培养学生形成健康的、科学的人生观。面对当前大学生中存在的突出问题，人生观教育应该着力于引导大学生认识生命的价值，尊重自己和他人的生命，努力提升自身生命的内涵和价值。加强大学生人生观的教育，首先，思想政治教育工作者应努力树立"以人为本、关爱生命"的新型学生观。应该从生命的角度和高度来理解学生的本质，将学生视为不断走向个体完善的独特生命存在；立足学生发展的终身性，为学生的发展奠基，增强学生发展的自主性，激发学生的创造潜能，促进每一个学生的个性化发展；强调学生生命主体的能动性，将学生视为社会活动的实践者、平等交流的对话者。其次，思想政治教育工作者要改进人生观教育的形式和内容，使人生观教育充满时代内容和强大的生命力。通过开设相关课程，并且在其他课程中加强渗透与开展课外活动，运用理论教学与实践体验相结合的人生观教育方法，使大学生学会珍惜生命、丰富生命、升华生命。

4. 法治观教育

大学生法治观问题一直是学校和社会关注的焦点。研究大学生的法治观，有针对性地对大学生进行法治观教育，是思想政治教育的重要内容。针对大学生目前存在的对法律知识的掌握还不够全面和深入、对法治的理解也存在偏差、对司法现状表示担忧和不满、对法治的价值判断和现实选择存在矛盾等问题，高校应强化法律基础课教育，增加学习时间，使学生能够有足够时间系统学习我国现有的重要法律，同时把民主教育作为专项教育内容，培养大学生的宪法观、公民观、民主观。

5. 道德观教育

道德观教育是所有思想政治教育工作的目标和主体任务之一，也是思想政治教育工作的基础性构成项目。受到社会变迁、对外开放、教育改革等多方面因素的影响，当代大学生的思想理念较之以往已经发生了较大的改变，呈现出有别于传统的道德现状和前进式的特点。因此，高校需要更加重视并深化大学生的道德修养教育。一方面，高校要引导他们对学习和生活表现出严于律己的道德品质和稳定的社会责任感，使他们在心目中确立马克思主义科学道德观的地位；另一方面要通过深入的思想政治教育工作培养并增强大学生的实践能力，使他们能够在生活中践行课堂所学的道德观念。作为新一代的大学生，不仅应该在道德标准和行为准则上有清醒的认识，更重要的还在于清楚如何将其体现在生活当中。

大学生道德观教育是指在高校教育过程中，针对大学生的思想、行为及心理等方面开展的一系列教育活动，旨在引导大学生认识和掌握道德准则，培养健康的人格和良好的品质，强化爱国主义、集体主义和社会主义核心价值观，促进知行合一，秉持正确道德导向，增强社会责任感和道德判断力。当然，大学生优良道德品质的形成并非一蹴而就的，需要经过长时间学习和实践的积淀，只有在具体的社会生活经历中，大学生才能用现实情况验证在校期间所学的思想政治理论，将其同自己的经历紧密结合，积累具有现实意义的经验，逐步形成高度自觉的习惯和修养。随着社会环境的变迁，当代大学生的道德观也经历着多种多样的考验，教育工作者应该了解并接受这一事实，并就大学生的心态和观念展开客观分析，把握大学生心理变化和道德观形成的根源，予以合理的引导；同时，还应该以历史的、发展的眼光看待社会现象对大学生形成的影响，及时发现最为核心的影响因素，给出具有针对性的建议，为推进思想政治教育工作带来全新的启示。

大学生道德观教育的内容是我国现阶段高等教育重要的组成部分之一，因此，各高校必须充分重视大学生道德观教育，并予以有效落实。大学生道德观教育的重点应该放在引导大学生养成正确的道德观念、价值观和行为习惯上。首先，要加强道德知识的传授，包括价值观念、伦理道德等方面的知识，通过丰富多彩的富有生活气息的教育形式，让大学生能够深刻理解和掌握这些知识，构建自己的价值体系。其次，大学生需要通过互动、实践等方式来加强体验式学习，做到知行合一，在实践中深入体验道德知识的具体意义和价值，提高他们解决道德问题的责任感和自我约束能力。在社会实践中，引导大学生了解国家现状、民生状况，增强对公益事业的关注度和支持。同时，高校思想政治教育工作者要加强对全体大学生的管理和规范，督促他们遵守规章制度，保持良好的行为习惯和积极的心态。对于一些身处困境的学生，应该给予及时帮助和关爱，引导他们有效地解决个人问题，转化消极情绪，积极面对生活和学习。最后，还需要社会、家庭、学校三个方面的共同努力。针对当前大学生道德观教育中存在的缺陷和问题，政府应该加强对大学生道德教育的政策引导和经费支持；家长应该积极关注孩子的思想和行为，亲身参与教育过程，让孩子在家庭中建立正确的价值观；学校应该为大学生提供更广泛的服务和更多样化的体验式活动，搭建多元化的成长平台，鼓励大学生积极投身社会公益事业，培养社会责任感。

总之，大学生道德观教育是一项系统性、长期性、全员参与的工作，需要学校、家庭和社会力量的共同支持和协作。只有通过全面的引导和培养，才能真正实现大学生道德素质的提升。

（三）高校思想政治教育内容创新的主要任务

高校思想政治教育的主要对象是大学生，而高校思想政治教育涉及的范围广泛，教育的内容丰富，教育的方式多样，需要研究的领域、问题较多。这就决定了思想政治教育内容创新任务具有复杂性和系统性，需要根据不同的特点确立相应的任务。

1. 加强思想政治教育学科研究

从思想政治教育学科支持的实际出发，一些理论工作者侧重于对学科理论体系进行研究，这是有必要的。思想政治教育学科研究应着重于当前重大理论与现实问题，特别是大学生在成长过程中所遇到的实际问题的研究，这既是实现思想政治教育学科价值的需要，也是深化与完善学科体系的根本途径。加强和改进高校思想政治教育是一项重大而紧迫的战略任务，要以理想信念教育为核心，深入进行正确的世界观、人生观和价值观教育；以爱国主义教育为重点，深入弘扬和培育民族精神。高校思想政治理论课的教育地位不言而喻，作为高校通识教育中的重要组成部分，其培养的德智体美劳全面发展的优秀人才是国家建设的重要支撑力量。因此，加强高校思想政治学科研究是十分必要和紧迫的任务，主要应从以下几个方面入手：加强高校思想政治学科师资队伍建设、完善和优化高校思想政治教育课程、丰富高校思想政治教育活动的形式、充分发挥多元化思想政治教育手段的作用。

思想政治学科师资队伍建设是高校思想政治工作的重中之重。建立一支水平较高、结构合理、层次分明的思想政治学科师资队伍，是保证思想政治理论课教育质量稳定提高的关键。高校应加大师范生选拔力度，特别是思想政治教育专业师范生的培养，建立健全师资储备制度；相关部门要加大招聘力度，引进更多硕士及以上学位的研究生，建立一支优秀的青年教师队伍；充分利用各类人才资源，包括志愿者、企业界人士、退休教师等，使他们参与到高校思想政治教育工作中来，为高校的思想政治工作注入新的力量。

高校思想政治课程设置是思想政治学科研究的核心。基于时代发展的要求，高校应该不断更新和改进课程内容，以实现课程的全面科学发展，满足新时代人才培养的需求；加强课程设置的前瞻性和针对性，把握时代特征和学生需求，及时更新思想政治课程内容，在符合国情、适应时代潮流的基础上创新思想政治教学模式；加强课程体系的建设，构建科学合理的课程体系，确立课程阶段和课程目标，引导学生在学习过程中形成系统的知识结构；加强教材建设，编写质量上乘的教材和辅助材料，制定严格的教学标准，确保教材内容准确、权威。

高校思想政治教育活动是提高思想政治课程质量的重要补充。高校应该加强与社会的联系，开展一些符合学生特点和时代需求的思想政治教育活动。如开展形式多样的讲座、学术论坛和研讨会等活动，邀请相关领域的专业人士举办讲座，探讨当前社会热点问题，提高学生的思想政治觉悟和社会责任感；加强社会实践教育和志愿服务，引导学生深入社区、企业等开展实践活动，增强学生的社会责任感和参与感；通过各种媒介推广优秀思想政治教育成果，包括书籍、研究报告等，使其能够更好地传播到大众中。

除了上述几个方面外，高校还可以通过多种途径加强高校思想政治学科研究。如建立思想政治网站和论坛，聚集专业人士和学者，促进思想政治学科研究的交流和合作；推动思想政治领域的跨学科研究，努力实现美育、体育、德育、智育等各方面的融合；增强国内外学校的合作交流，开展联合培养、教师交流等多种形式的合作。综上所述，加强高校思想政治学科研究，需要全社会的共同努力。只有广泛凝聚优秀人才，积极推进改革创新，才能够实现高校思想政治理论课教育质量稳步提升，培养合格的中国特色社会主义事业建设者和接班人。

2. 突出思想政治教育的重点

市场体制和经济全球化的推进、对外开放和多元文化的激荡、科技发展和社会信息化的环境、社会民主化和个性特色化的发展，广泛渗透在社会和个体生活的各个领域与环节，成为当今高校思想政治教育的环境内容。马克思主义及相关学科（哲学、政治学、社会学、伦理学、心理学、教育学）理论等，都在教育者和学生的可选择、可运用之列，成为思想政治教育的理论内容。环境内容与理论内容的不同组合，影响着当代社会与个体两个层面。

一是社会层面的主导性与多样性的并存与矛盾状态。所谓社会层面的主导性与多样性主要是指，多元文化交汇背景下的中华民族文化主导，多种意识形态并存条件下的马克思主义、社会主义意识形态主导，多样化价值取向过程中的社会主义核心价值观主导，多样化知识、信息影响下的人本主导。在当今世界的多元文化背景下，中国作为一个拥有悠久历史和丰富文化的国家，在思想政治教育方面有着非常独特的优势，当然也面临着一些挑战。如何在中华民族文化和社会主义意识形态的基础上突出思想政治教育的重点，是当前教师需要认真思考和探讨的问题。首先，高校应坚持以中华民族文化为主导，弘扬民族精神。中华民族拥有悠久的历史文化和深厚的传统美德，在思想政治教育中，教师应该始终坚持以中华民族文化为主导，弘扬中华民族的优秀传统和文化精神。通过培养学生对中华文化的热爱和认同感，使他们能够在各种困难和挑战面前始终保持自己的文化自信和自尊心。其次，高校要强化社会主义核心价值观教育，培养学生形成健康的人格。教师应该始终铭记社会主义核心价值观，并将其作为思想政治教育的重要内容。通过加强对社会主义核心价值观的深入解读和宣传，让学生逐渐形成正确的世界观、人生观和价值观，成长为健康的、积极向上的、具有社会责任感的人。高校要注重"立德树人"的作用，主动顺应综合素质教育的发展趋势。教师不仅要专注于知识传授，在思想政治教育中还应该注重"立德树人"，开展综合素质教育，注重学生的品德、智育、体育、艺术等多方面的发展，使其在未来社会中能够具备更强的竞争力。再者，应重视信息技术的应用，提高教学质量。在当前信息技术高度发达的时代，教师可以利用各种先进的技术手段进行更为细致、更为精准的思想政治教学，可以通过设计多样化的课程模式提高学生的学习兴趣和积极性。同时，还可以通过信息技术手段对学生进行跟踪教学和评价，提高教学质量和教育效果。最后，高校思想政治教师要注重情感沟通，建立和谐的师生关系。在思想政治教育中，教师不仅要注重知识传授，还要注重师生之间的情感沟通，建立良好和谐的师生关系。通过师生之间的尊重、理解和关爱，构建稳定而和谐的教育环境，让学生能够在一个宽松、温暖、有爱的氛围中健康成长。总之，在多元文化背景下，教师应该始终坚持以中华民族文化和社会主义意识形态为主导，注重培养学生的综合素质、品德修养和社会责任感，通过多种途径和手段，推动思想政治教育的有效开展。

二是个体层面的个性化与社会化的矛盾状态。所谓个体的个性化与社会化，是指大学生在市场经济体制条件下拥有自主权，在民主发展条件下拥有自由性，能够独立、自主和创造性地发展自己的主体性与个性特点；与此同时，还必须融入社会的政治、经济、文化与道德生活，受到社会政治、法制与道德的规范与制约。随着社会的不断发展和进步，市场经济体制已经成为现代社会的主导经济形式。在这样的背景下，如何让大学生在市场经济条件下自主、创造性地发展主体性，并且突出思想政治教育的重点，这是教师需要认真思考和解决的问题。首先，大学生应坚守自己基本的价值观。对于大学生来说，价值观的塑造是极为重要的，因为这关系到他们将来的人生方向和道路。在市场经济环境下，大学生面临着巨大的诱惑和挑战，因此教师应该注重培养大学生正确的价值观，让他们能够树立正确的追求和目标，明确自己的责任和使命。其次，高校教师在传授理论知识之余，还要引导大学生树立独立思考意识，培养创造力。在市场经济条件下，大学生需要具备独立思考和创造能力，才能更好地适应竞争和发展的时代趋势。因此，在思想政治教育中，教师应该着重培养大学生的独立思考和创新能力，通过各种课程和实践活动，让他们能够充分发挥自己的才能和潜力。另外，加强社会责任感教育也是高校思想政治教育工作中的重要环节。在市场经济环境中，大学生需要具备强烈的社会责任感，关注社会问题，积极为社会做出贡献。因此，在思想政治教育中，教师应该注重加强社会责任感教育，让大学生认识到自己的社会责任和义务，引导他们主动参与到社会公益事业中去。面对当前社会的发展趋势，高校应有意识地向学科交叉融合的方向发展。在市场经济体制下，不同学科之间的交叉融合趋势越来越明显。因此，在思想政治教育中，教师应该注重各学科之间的交叉融合，通过不同学科的相互渗透和结合，让大学生有更广阔的视野和更深入的理解。高校要向学生传递积极的社会态度，引导大学生积极面对市场经济环境中存在的挑战和机遇，这就需要大学生具备积极面对挑战的勇气和信心。因此，在思想政治教育中，教师应该引导大学生正确面对挑战，鼓励他们勇敢地尝试，积极面对未来。受到社会环境的驱动，大学生需要有更多的机会去了解社会，与实际工作相结合。因此，在思想政治教育中，教师应该注重加强师生互动和交流，让大学生能够更深入地了解社会和工作，认识到自己的优势和不足。最后，高校还要注重学生的心理变化，协助其形成健康的心理状态。市场经济环境下的竞争和压力很大，这就需要大学生具备良好的心理素质。在思想政治教育过程中，教师的重要任务之一是关注和促进大学生的心理健康，使他们具备良好的适应性和抗压力。教师需要站在学生的角度，不断探索和创新教育方法，以此为大学生的全面发展打下坚实的基础。

3. 实施专业化或专门化高校思想政治教育

高校思想政治教育主要包括思想政治理论课教育，日常思想政治教育以及教书育人、管理育人、服务育人活动。思想政治理论课教育是系统的马克思主义理论教育，已经纳入高校的课程体系与教学计划。而教书育人、管理育人、服务育人活动则是依托业务教学、管理与服务工作进行日常思想政治教育，这主要由高校辅导员队伍承担。

这里所说的高校思想政治教育的专业化或专门化，主要是指从事高校思想政治教育的高校辅导员的职业化。如何运用思想政治教育学科与相关学科的理论对学生进行科学性与价值性相统一的指导、咨询与管理，实现学生的日常生活由自发向自觉、由经验向科学的转变，就成为实施高校思想政治教育内容创新的迫切任务。作为高校思想政治教育的重要组成部分，高校辅导员的工作至关重要。如何职业化发展并合理运用思想政治学科理论成为重要的课题。总体来说，辅导员应该着眼于以下几个方面的工作：学习思想政治学科理论、提高思想政治教育质量、提高专业素养、加强自我管理和能力提升。

高校辅导员应该具备一定的思想政治学科理论知识，才能更好地完成工作。高校辅导员要打下扎实的思想政治理论基础，包括如何思考政治问题、如何分析社会问题以及提高对国家政策的理解水平等，学习和研究当代思想政治热点问题，如社会主义核心价值观、中国特色社会主义等，使自己始终保持敏感的触觉，加强与思想政治学科相关学者和专家的联系，参加学术研讨会或夏令营等活动，拓宽视野和思路。

高校辅导员应该积极探索新的思想政治教育方式和方法，不断提高思想政治教育的质量和效果。可以从以下几个方面入手：积极开展理论宣讲和集体学习活动，以引导大学生牢固树立正确的价值观念，坚定社会主义理想信念；组织和引导学生参加各种形式的社会实践和志愿服务活动，以提高学生的社会责任感和服务意识；创新思想政治教育模式，采用多种教学形式，如漫画、影像、微视频、游戏等，进一步激发学生的学习积极性。

高校辅导员应该不断提高自身的专业素养，始终保持工作热情和积极性，参加相关职业培训和专业课程学习活动，学习新的思想政治教育理论和方法，提高自身的专业素养和业务水平，加强与同行之间的交流互动，分享经验和创新思路，共同提高思想政治教育工作水平。

高校辅导员应该注重自我管理和能力提升，在工作中突出自己的特点和优势；建立职业生涯规划，明确自己的工作目标和方向，制订相应的工作计划，提高自己的工作效率和工作质量；加强沟通协调和团队合作能力，积极与学校各部门以及社会各界建立联系和合作，共同打造优良的思想政治教育氛围。

4.抓好德育工作

高校德育工作的核心意义在于为大学生提供行为指导，为其在追求人生意义的过程中带来有效的启示，协助大学生在未来的人生道路上提升自我的生存质量。构建与学生生活紧密结合的、生活化的德育格局是高校人本性德育的终极目标。人的生活和动物生存的差异之处在于，人不仅需要生活在一个物理世界中，还需要生活在一个意义世界里。人通过自主的活动来构建自己，不断完善自我的内心生活，完善与外界的联系，完成作为"人"的意义。

大学生无时无刻不在生活的浸染之中，大学生的德性的发展和他们的生活一脉相承，过什么样的生活，就受什么样的德育，就会有什么样的德性。"道德同存在的事实性密切相关，而不是同脱离实际的理想、目的和责任相关。作为道德基础的事实，源于人们相互之间的密切合作，源于人们在愿望、信仰、满足和不满的生活中相互关联的活动结果。"①

德育不单纯是告知、传递、赠送，而是应设计促使受教育者产生某种感受、理解、体验的思想"碰撞"的教育活动，并让这些"碰撞"去产生它必然的效应。从设计的角度看，它是德育；从"碰撞"的角度看，它就是生活。虽然不能否定德育以及高校德育评分制度的重要性，但也应当注意具体的实施效果，不宜本末倒置。一些高校因其不合理的德育考核制度而为学生所诟病。将道德教育纳入高校学生评价体系，这从本质上来说是一项意义重大的举措，意味着学生评价体系由单一走向多元，符合时代前进的趋势，为我国的素质教育事业添砖加瓦。但是，由于具体实施和考量的不合理性，德育考核制度的作用又容易受到质疑。

首先，有些学校简单粗暴地采用"参加活动加分"的方案，即使不考虑这些分数的划定是否有科学严谨的理论依据，仅仅谈论其影响，如果拿具体分数来绑定这些事情，那么从出发点来看，将会出现"内需出发"和"分数驱动"两类人。对前者来说，分数只是附加产品；对后者来说，则是一切为了分数，事情才成了附加的义务。但是此两者单单从德育分的结果来看，别无二致，这种现象毫无疑问会影响德育的初衷。

其次，德育的范围划定和划定资格较为模糊。经常参加集体活动的人和长期独立自学的人，并不因这两种习惯而在品行上有所区别，但是德育评分制度却容易暗示前者道德"达标"而后者"不达标"的结果。而持有居中态度的人，无论

---

① 褚洪启.杜威教育思想引论[M].长沙：湖南教育出版社，1997：22.

是集体活动还是个人活动都不愿放弃，因此在德育分数上居于人下，这会对学生的自我认可和自我意义探寻产生不利的影响。

德育固然重要，但它必须与智育相补充才能发挥作用。因此，"德育分"是否能够真正成为衡量一个人道德品质、综合素质的标准，依然有待商榷。因此，学校在不断强调德育考核制度重要性的同时，也应该适当反思整个制度是否完善，对于同一种行为体现在德育上的奖励或处罚是否公正公平等。

三、高校思想政治教育内容创新的路径

（一）营造良好的学科环境

一所高校的学科布局、规模与水平，是构建高校知识体系的基础，同时也是影响高校创新教学的重要因素。高校思想政治课教学中的学科环境是高校思想政治教学中不可缺少的一环，而高校思想政治教育中的专业环境又是影响大学生思想政治教学质量的一个关键因素。学科环境指的是在大学校园中能够对受教育主体产生影响的各种学科条件的总和，它包括四个组成因素：学科设置、人（即教师和学生）、物（即图书资料、仪器设备等）以及观念。

然而，从当下中国高校的学科布局来看，思想政治教育作为一个专门学科来建设起步于 20 世纪 80 年代，建设时间较短，学科体系构建尚不完善。不仅学术界对该学科体系内容的构成观点不一致，而且在实际运行过程中也没有引起应有的重视，甚至在一些高校还存在被边缘化的倾向。要实现思想政治教育内容的创新，首要问题就是要完善和强化思想政治教育学科建设，凸显其科学性和规范性，实现其意识形态性和政治性的特有属性的价值。既不能简单地用"思想教育""道德教育""政治教育"代替"思想政治教育"，也不能与一般的"公民教育"混同，而是要作为一门独立学科来建设，并且还要下大力气克服思想政治教育中存在的"两张皮"现象。所谓"两张皮"是指下面几种现象：一是目前高校的部分思想政治教育研究人员只管理论探讨，纯粹地从事体系的搭建，忽视了学生在现实生活中遇到的困惑和疑虑。二是一些思想政治课教师只是简单地传授课本和文件中的内容，而忽略了这些内容蕴含的深层次的意义和价值。三是一些思想政治教育工作者只注重平时的管理工作，却未曾对大学生出现的新的思想问题进行了解和分析。高校思想政治教育存在着"表里不一"的问题，这不仅令教育实效受

限，还会对学科环境造成不良影响，同时也不利于思想政治教育内容的推陈出新。思想政治教育工作者要提高理论素养，积极进行跨界交流，拓宽研究视野。同时，高校应提供一个积极、理性的学术环境，以支持思想政治教育的创新发展。因此，思想政治教育工作者需要进一步提高理论素质，站在学科及学术领域的前沿，开阔创新视野，重视理论研究及国际学术交流；积极营造科学、理性的学科环境，为思想政治教育内容创新提供广阔的空间。

（二）转变思想政治教育观念

开展思想政治教育内容创新的先导是转变思想政治教育观念。传统的思想政治教育往往采用"灌输"和"说教"的方式，很少顾及其内容的科学性、严谨性和吸引力。革除传统教育的弊端，必须从转变教育思想观念开始。中国的高等教育需要建立一种全新的教育和人才观念。这意味着我们需要转变教育方式，从单纯传授知识的模式转变为注重培养人文精神、科学素养和创新能力的综合型教育方式，将注重培养精英的教育理念转变为注重培养兼具专业技能和综合素质的人才的教育理念。改变对于单一智力教育的看法，转而采取培养全面素质的教育观；将传统的继承和传播教育观念转化为内在和外在价值观相互协作的教育策略；将以物质为中心的教育观转变为以可持续发展为核心的教育观；将仅仅侧重于经济和政治方面的教育观转化为注重更全面、更综合的国家综合实力的教育观。转变教学模式，从以学科为中心变为以学生为中心。

只有在更新的思想政治教育理念的基础上，才能够创新思想政治教育的内容。只有对创新思想政治教育的理念有深刻的认识，才能在思想政治教育的内容、方法、机制等方面进行创新，从而为思想政治教育工作开拓新的探索方向。尽管人们已经意识到传统教学方法的局限性，但目前我国的高等教育仍然沿袭着这一传统模式。在教学实践中，所谓"罐子教育"现象仍然存在。传统的教育者往往认为学生的大脑是一个储存知识的仓库，因此在教学中更多地使用传统的灌输式和定义式的教学方法，较少采用现代的引导式和发展式的教学方法。部分高校的思想政治教育教学模式仍然停留在原地，只是被动地灌输知识，教师仍然采用原则和实例相结合的教学方式。尽管有些教师努力引进国外案例教学方法，但在强调原理、轻视实践的教育传统的影响下，这些案例往往无法发挥出应有的影响，仅仅起到了举例说明的作用。当前，部分高校的教学管理制度注重按照规定的课程大纲授课，命题考试的内容也必须符合大纲要求，而且成绩被视为主要的教学质量评估标准，这导致最新的教育理念、策略和方法难以被灵活地引入教学。这种教学评价方式不仅限制了学生独立思考的机会，抑制了他们的学习热情、主动性和创造性，同时也对教师的教学内容、方法和创造性造成了束缚。所以，我们强调创新思想政治教育内容，就必须做到：第一，始终站在理论和实践的前沿，更新思想政治教育观念，进一步强化服务学生的意识，这是实现思想政治教育观念创新的最重要、最核心、最根本的要求；第二，确立符合时代要求的新观念，这是实现思想政治工作观念创新的现实需要；第三，坚持以人为本，促进人的全面发展，这充分体现了新时代思想政治教育的价值定位和角色定位的新变化。

（三）优化课程内容体系

实现创新教育的基础是课程体系的优化，课程设置是培养创新型人才的关键。在知识经济时代，要培养出高素质人才，就必须建立一个面向 21 世纪和知识经济时代的新课程体系。在知识经济背景下，我们面临着快速变化的知识创造环境，而传统的以学科为核心的教学模式构成的知识结构和智力结构，已经无法满足知识经济时代发展的需求。

高校思想政治课教学内容的创新是高校思想政治课教学改革的关键，也是高校思想政治课教学理念转变的重要体现。一提到内容改革，大家就会自然而然地想到，是不是要根据当前的情况和国际趋势，再添点新的内容或是对版面进行调整。其实，在对思想政治教育内容进行设计和选择的时候，我们要先弄清楚一个问题，那就是我们应当怎样构建思想政治教育的内容体系。只有把思路梳理清楚，我们的教育内容才会有针对性。

教育的过程应该是感性认识→感悟→知识。知识是学习的最高阶段，只有经历前面两个阶段才能获得知识。教育的过程是一个获得智慧的过程，从中使受教育者获得创新的能力。这些年，我国高校在思想政治教育课程设计的理论与实践方面取得了一些进展，但在建设社会主义市场经济和高等教育大众化背景下，高校思想政治教育内容设置仍不够切合学生的思想实际。目前我国思想政治教育课程设置较为单一，缺乏多样性，具有统一模式化、非个性化特点。这导致学生关于马克思主义理论与实践的知识结构单一狭窄。还有一个问题就是课程内容设计学术性较强，缺乏灵活性、趣味性，与市场经济中创新型、应用型人才的思想政治素质要求不吻合，与未来人才培养规格不适应。

分析我国高校思想政治教育课程设计的情况，以学科为中心的课程设计观念没有考虑到大学生是受教育的主体，忽视了作为主体的大学生；以活动为中心的课程设计目标指向学生的实际操作能力，注重培养解决实际问题的能力，没有考虑到知识的思想教育价值。思想政治教育课程设计应该考虑大学生的思想需求与兴趣，把科学的知识结构和理论体系结合起来。思想政治教育课程设计应该把理论与实践有机结合起来，使大学生有新奇感，启发大学生的思路，鼓励大学生大胆探索、大胆设想，放手让大学生在实践中进行自我锻炼，使大学生产生自豪感，增强自信心，强化思想发展意识。

第二节　大数据视域下高校思想政治教育的方法创新

"工欲善其事，必先利其器。"创新高校思想政治教育，方法是关键。方法是人们想问题、办事情的思路和方式。方法"是工具，是在主体方面的某个手段，主体方面通过这个手段和客体相联系"[1]。方法对头，事半功倍；方法不对，事倍功半，甚至事与愿违。创新思想政治教育方法，就是要把握思想政治教育的规律性，找到教育者与受教育者之间紧密契合的桥梁，以增强教育的实效性。

一、方法创新是增强高校思想政治教育实效性的根本途径

实现高校思想政治教育目标的必要条件是方法创新，同时影响思想政治理论教育效果的重要因素也是方法创新。在经济全球化时代，知识爆炸，信息网络技术高度发达，无论是知识的获得路径还是人们的行为方式和生活方式都越来越趋向多样化，客观上要求高校思想政治教育方法必须实现从单向灌输型向双向交流型转变、从显性型向显性与隐性结合型转变、从单一型向综合型转变，利用信息网络、人工智能等新技术，实现高校思想政治教育方法的现代化、多样化。

---

[1]　列宁. 列宁全集 [M]. 北京：人民出版社，1990：189.

（一）方法创新的内涵

方法指的是主体为达成目的而采用的各种手段、方式和途径的综合体，是主体与客体相互关联、结合与统一的中间环节。方法样式是人们在进行特定活动时，根据目的、主体能力、客体形式、工具等因素共同组成的结构而形成的活动方式。方法和理论都是针对客观事物的主观认识，是人们从不同角度对客观事物的反映。然而，这两种认识方式所涉及的对象存在差异。理论是对客观事物和其运行规律的认知，而客观事物本身则是理论的客观基础。在行动中，我们需要遵循客观规律，并结合自身因素，创造符合实际情况的方法和手段，这种方法的特点是以主体的需求为出发点，更好地服务于客体的实际情况，而不是简单地反映客体的规律。换句话说，方法并非凭自己的主观意愿而定的，而应该根据客观规律来选择。通过运用各种方法及工具，人们可以接近或影响客体以满足自己的需求。这些方法可以帮助人们实现自己的目标。人类通过发明创造和应用各种方法、工具、技术，拓展了自己的生存和活动领域。由于不断的革新和进步，人类总是能够探索新的活动领域和体验新的生活方式。方法的多样性提供了许多选择，以实现相同的目标。这使人们可以衡量和比较方法的优缺点，以各种方式从事各种活动，并展示他们的存在。

方法创新涉及人们活动方式的创新，以程序为目标，它直接带来的效果是创造出全新的方法，进而产生活动结果的不同以及活动对象的增值。通常人们更容易关注那些具体存在、可见的新创意，而对于方法创新及其潜在作用却没有给予足够的重视。许多创新的成功都归功于方法的创新，因为方法的创新能够引领新的活动方式，探索新的活动路径，并创造出新的活动成果，从而推进事物的创新发展。相较于物质创新，方法创新并没有固定的形态，而是一种可操作、可过程化的方式。因此，我们需要在动态过程中理解方法创新的定义，从方法使用和应用的过程中识别变化的发生。我们还可以从结构的角度出发，通过改变方法要素来改变整个方法模式，以此把握方法创新的重要性。通过熟练掌握样式，可以实现将方法类型整体转换为根本判断方法的改变。通过分析方法的效果变化，从结果向原因推导，找出创新方法的思路。方法创新是人类不断提升中介性活动能力的过程，它借助新的技术手段提高人类的体力和突破生理极限，从而达到提高效率、拓展视野的目的。这一过程被德国哲学家格奥尔格·威廉·弗里德里希·黑格尔称作"理性的技巧"。方法的实际运用是要善于发明和使用工具，并且方法是需要跟随工具的更新而进行更新的。

人类文明进步的基石是方法创新。想要展现出丰富、复杂、多样的现代文明世界，就必须依靠生产方法、生活方式中甚至是在社会运行方法中大大小小的创新。英国哲学家阿弗烈·诺夫·怀特海指出："19世纪最大的发明就是找到了发明的方法。一种新方法进入人类生活中来了。如果要理解我们这个时代，有许多变化的细节，如铁路、电报、无线电、纺织机、综合染料等，都可以不必谈，我们的注意力必须集中在方法的本身。"[①] 由此可见，教育的创新也必须从方式入手，以实现教育的主题。

（二）思想政治教育方法创新的必要性

思想政治教育方法是将教育内容和教育对象联系在一起的重要的桥梁和纽带，也是可以实现教育主体与客体之间双向交流的通道，其功能就是要实现思想政治教育的目的，完成思想政治教育的任务。在长期的革命与建设中，我们党一直非常注重思想政治工作的方法。毛泽东早就指出："我们不但要提出任务，而且要解决完成任务的方法问题。我的任务是过河，但是没有桥或船就不能过。不解决桥或船的问题，过河就是一句空话。不解决方法问题，任务也只是瞎说一顿。"[②] 新时代，习近平总书记多次论述了开展思想政治教育的方法问题，提出"要通过教育引导、舆论宣传、文化熏陶、实践养成、制度保障等，使社会主义核心价值观内化为人们的精神追求，外化为人们的自觉行动"[③]。这些思想理论无疑为搞好思想政治教育工作提供了方法指导。

众所周知，高校思想政治教育的过程既与学生的"认知过程"相统一，也与学生"人格养成过程"相统一。科学知识的"认知过程"主要着眼于事实判断，这是一个求真的过程，其教育目的是使受教育者熟练而系统地掌握科学的思想和方法，并能够运用其分析和解决实际问题；而"人格养成过程"主要着眼于价值判断，是求善的过程，其教育目的是使受教育者认识和理解、体验和认同价值体系的意义，并能够身体力行，形成自己的情感、态度、价值观，确定自己的理想、信

---

① 怀特海.科学与近代世界 [M].何钦，译.北京：商务印书馆，1959：94.

② 毛泽东.毛泽东选集 [M].北京：人民出版社，1991：139.

③ 习近平.习近平谈治国理政 [M].北京：外文出版社，2014：164.

念和人生目标。要达到这样的教育目标，教育方法的不断更新就应该成为一种常态。

二、观念创新是方法创新的先导

观念创新在人类社会发展中起着极为重要的引导作用。在经济全球化时代条件下，特别是在中国社会转型期，各方面矛盾的突显使高校的思想政治教育工作面临空前的压力。

（一）观念与观念创新

观念指的是一种认识或思想，它是人们根据自己所拥有的知识及过去的实践，在很长一段时间内形成的各种观点与概念的总和。观念创新指的是改变人们对于一件事情的错误的、过时的或不利于实际工作的已有的看法和思维方式，以一种新的视角去观察，得到一个新的结论或形成一个新的观点，进而采取新的态度和方法的过程。任何革新都要先有理念。事实上，一定的内容、形式、体制、方法等都是一定观念的反映。因为人的行为大都受到意识的引导，具有什么样的观念也就决定了在工作中会采取什么样的工作方式，自然也就会产生不同的工作效果。观念创新是思想政治教育创新的先导，主要体现在以下两个方面。

1. 思想政治教育观念创新是内容创新的基本前提

思想政治教育的本质是具有思想性、政治性和时代性的，因此必须紧随时代发展脚步，不断创新教育内容，这种创新又必须基于观念的创新。若不更新、不创新思想政治教育的观念，仍停留在传统层面，那么内容方面就不会有新的进步，也无法反映社会发展的需求和时代精神的精髓。事实上，经济全球化为推动思想政治教育观念更新提供了新的思想基础和全球视野。由经济全球化带来的广泛的社会变化将直接促进人们的思想解放和观念的不断更新。随着我国社会主义市场经济的不断发展完善，人们的内心状态和思维方式也将会随之产生深刻的变化，同时，我国的经济实力也将随之不断增强。这将有助于我们更加深入地理解和认同全球的理念、民主的原则、科学的思维方式、法治的价值观和道德观念，从而提高我们的主体意识和竞争意识。改革开放以来我国展现出的积极行动、勇于竞争和善于把握机遇的崭新理念以及持续自我发展等方面的思想精神，是高校思想政治教育更新观念的重要参考来源。

2. 思想政治教育观念创新是方法创新的内在动力

在经济全球化、信息多样化、文化多元化的时代，运用传统的单向的理论灌输和说教的方法已很难产生教育的理想效果。这就需要从思想观念创新的角度入手来促进教育方法的创新，使教育观念由保守转向开放、由单一转向多样，推动思想政治教育方法向着主动性、现实性和多样性的方向发展。我们需要倡导社会化思想政治教育理念，让所有人共同肩负思想政治教育任务，形成无处不在的思想政治教育氛围，使每个人都能时刻关注思想政治教育工作。思想政治教育并非仅仅归属于思想政治教育工作者，而是全社会共同的责任。通过全员动员，激发每个人参与的积极性，实现人人平等教育、人人都是教育者的目标。在新时代，我们需要不断更新思想政治教育的内容和方法，致力于解决新问题。我们需要借鉴教育学、社会学、心理学、行为学等学科的最新研究成果，充分利用现代高科技手段，关注校园文化、家庭、社会环境对思想政治教育的重要作用，不断探索和创新教育方式和方法，以提高教育效果，实现教育目标。

（二）思想政治教育观念创新的要求

随着经济全球化的进程不断推进，高校思想政治教育需要创新教育观念，采用全新的国际化意识，改变传统的思维方式。国际化意识是人们意识到国际社会存在共同利益和文化现象具有共性，从而超越传统的社会制度、意识形态和民族国家的限制。这种意识从全球角度出发，探寻和理解社会生活和历史现象。尽管具备国际化意识很重要，但这并不代表意识具备了就已经实现了国际化，这只是一种思维方式。国际化意识包括对人类的存续意识、对全球共同繁荣的追求、对和平的向往、对整个人类社会的关注。经济全球化的发展推动了各地区和不同文化之间的交流，这使人们可以用新的视角来思考和解决面临的民族或全球性问题。国际化并不需要各个国家和民族抛弃自身的特色，相反，它是建立在尊重差异性的基础上的。

从国际化视野来看，高校思想政治教育方法是多元化的。从这个层面来讲，我们认为，我国高校思想政治教育必须做如下几个方面的创新。

1. 价值观创新

在我国传统的思想政治教育体制中，受到当时国情的影响，强调了社会价值的重要性。当国家利益与个人利益发生冲突时，应该将国家利益放在首位，即优先考虑国家的利益而不是个人的利益。这种思想教育显然为我国的社会稳定和进步做出了贡献，并且符合历史发展规律。随着经济全球化的程度不断加深和社会的不断进步，人们越来越意识到这种价值观体系所引发的矛盾和冲突。随着社会的不断进步和人们观念的变化，个人越来越重视自己的权益，但是教育的思想指导还没有跟上步伐，这就引发了个人和社会之间的价值冲突。过去，思想政治工作的目标常常偏重于迎合社会的要求，而忽略了个人内在需求的重要性。这种做法使得思想政治工作无法吸引人们积极参与，同时在实际操作中，由于高标准和严格要求以及对社会发展的理想化追求难以真正实现。而随着经济全球化的发展，大量信息涌入人们的视野后，一股个人本位思潮因迎合了人们长期得不到满足的心理而一度盛行起来。这股思潮过于追求个人的需求，忽视甚至否定社会价值，致使思想政治教育更加难以开展。在世界各国人民相互交往越来越密切的今天，我们的思想政治工作也要与时俱进，不要把个体价值和社会价值简单地对立起来。从本质上说，社会价值和个体价值是一个"真共同体"，两者之间存在着内在的一致性。一方面，从本质上讲，社会福利是个人福利的总和，"只有在共同体中，个人才能获得全面发展其才能的手段，也就是说，只有在共同体中才能有个人自由"①。另一方面，关注人的个性发展，满足人的个性需求，也是一个社会亟待解决的问题。社会的发展要以每一个人的自由发展为前提。在促进经济发展的过程中，国家与社会要保护个体的合法利益，为个体提供发展的机遇，对个体的需求给予足够的关注与尊重，这也是社会发展与进步的有力保证。这就意味着，我们在确定思想政治教育的目标时，要充分尊重个人的利益，打破单纯的、唯社会价值的教育观，树立起社会价值与个人价值内在统一的新价值观，真正地让思想政治工作在符合社会发展需求的前提下，全力保障个人的正当权益，推动社会价值与个人价值的协调发展。

2. 任务观创新

传统高校的思想政治教育工作常常将重点放在向学生传授社会政治、思想和道德规范上，不太注重培养学生的实践能力和发展学生的个性特点，仅把他们视为被动接受教育的对象，而非积极主动参与教育的主体。然而，现代教育的理念

① 马克思，恩格斯．德意志意识形态 [M]// 马克思，恩格斯．马克思恩格斯选集．北京：人民出版社，1995：119.

认为教育是一个相互作用的过程，并且教育者和受教育者都有自己的能动性。大学教育致力于提升大学生的生存能力和发展潜力，注重保障大学生全面发展的权利，推崇鼓励大学生积极参与社会事务，发挥他们在社会变革中的积极作用，让他们更加适应社会的需求。以人为主体，注重强调每个人的思想独立性和需求的满足，是思想政治教育的根本理念和基本准则。人类发展的进程影响着思想政治教育的方向。随着经济全球化的不断深入，人们的思维和生活方式已经发生了根本性的转变，对内在精神生活的渴望更加迫切。因而，我们应充分尊重大学生的个性发展，并确立一种新的任务观，即在灌输社会规范的同时培养能力，促进个性发展与社会进步之间的有机统一。我们必须切实掌握这种辩证关系，使个人价值与社会价值相互促进、和谐共存。

3. 主体观创新

高校思想政治教育工作是为大学生而设计的，必须能促进大学生的全面发展，不仅要教育、引导和激励他们，还要尊重、理解和关爱他们。自改革开放以来，随着市场经济的不断发展，注重受教育者的需求逐渐引起人们重视。然而，在现实教育中，一些人过于关注受教育者的主观需求，却忽略了对其进行正确引导和规范的重要性。具体而言，这种现象主要表现为过分强调受教育者的主体地位，过多强调自我教育和自我修养的重要性，却忽略了教育者的教育和引导作用。事实上，在思想政治教育的过程中，教育者和受教育者的角色虽然不同，但都发挥着至关重要的作用。忽略任何主体的作用，都会对教育的有效性造成不良的影响。因此，在进行思想政治教育时，我们需要避免只重视教育者的主观能动性，同时也要防止过度关注受教育者的主体地位，建立起新的观念，即教育者和受教育者的主体性应该相互作用，形成一种辩证统一的关系。

三、大数据视域下创新高校思想政治教育实施方法

（一）增强思想政治教育基本方法的针对性

思想政治教育基本方法包括理论教育法和实践教育法。当前大多以班集体为单位，统一开展教学活动，但班集体人数较多，教育对象存在一定的差异性，因此要提升教育的针对性。

利用大数据技术捕捉社会热点，提升理论教育的针对性。学校教育在教学好书本知识的同时，更需要紧跟社会热点问题，尤其是与高校思想政治教育相关的热点话题。比如网络媒体中的图表数据等信息，利用大数据对其进行排序、比较等，可准确高效捕捉网络热点，融入高校思想政治理论课教学中，提升思想政治教育的吸引力。在大数据精准分析数据的基础上，教育主体要注意创新方式方法，提升教学的针对性，促进受教育者的主体意识充分发挥作用。同时，在数据分析方面，获取到有效信息以后，要根据信息开展相应的思想政治教育活动，将相关热点引入教学过程中，在教育过程中既贴合学生兴趣又达到教育的目的，以此提升教育的针对性。

利用大数据提升志愿服务、社会考察等实践活动的针对性。由于大学生在思想上、学习上、生活上都存在差异，同一志愿服务活动产生的效果是不同的。为了使思想政治教育实践活动发挥其最大效能，思想政治教育主体可以收集学生对志愿服务活动的诉求数据，利用大数据筛选并分类，有针对性地创新设计，开展相关活动。例如，根据数据呈现的不同学生之间的差异，设计几类富有代表性的志愿活动，让大多数学生都能找到适合自身的活动，以此提升实践教育的针对性。社会考察活动是一种有目的地观察、研究社会现象，提高认识能力和解决问题能力的活动。社会考察活动是多种多样的，因此需要借助大数据精准识别学生的特点，分门别类地开展社会考察活动。例如，通过大数据挖掘分析学生生活消费数据，发现部分学生存在奢靡浪费的现象，对此可开展重走长征路等活动，通过实践活动的开展，让学生的思想认识进一步得到提升。同时，受教育者自身也可基于多样性、互动性的社会资源，选择符合自身的社会考察实践活动方式。

大数据赋予思想政治教育更加个性化分析的方法，使"私人订制""个性化教育"成为可能。利用大数据可以依据受教育者的特点确定思想政治教育实践活动的目标和方式，提升实践教育活动的针对性。

（二）提升思想政治教育一般方法的实效性

当前，思想政治教育方法中通用的是一般教育方法，一般教育方法在实施过程中也存在一定的问题。随着时代发展，大数据技术不断完善，为一般方法创新提供了技术支撑。

1.利用大数据把握学生诉求，完善疏导教育法

要对教育对象存在的问题进行有效疏导，必须立足于对教育对象问题的分析，抓住思想发展趋势、有利时机和积极因素。作为教育主体，要对学生的诉求进行精准把握，才能进行有效疏导，有针对性地解决问题。不同的问题呈现不同的表现方式，而大多数问题可以利用大数据进行量化。将存在的问题转换为数据，能够更加直观地获取信息。同时，针对学生出现的问题，要抓准时机，提前做好预警工作，利用大数据分析学生平时生活的习惯、特点，以此估量最佳教育时机，择机而动，避免错过有利时机。

2.利用大数据精准分析、可视化呈现，完善比较教育法

通过比较教育法有利于思想政治教育者从正面和反面、相同点和相异点来全面深刻分析相关信息，也有助于教育对象在比较中辨明是非，形成正确的思想政治教育观念。通过大数据技术，我们可以全面地比较两个或更多的思想政治教育理论，确保没有遗漏任何细节。完成对比后，我们不仅会以传统方式呈现结果，还会利用大数据创建数据画像，并使用可视化手段来展示思想政治教育信息的对比结果。这样做可以使结果更加清晰明了，使教育对比更直观，提高效率。

在传统思想政治教育一般方法基础之上，利用大数据能够使疏导教育法、比较教育法等方法更加直观地呈现问题，创新一般方法，进一步提高问题解决的效率。

（三）增强网络思想政治教育方法的创新性

当前，学校教育场所以线下校园内为主，但也包括线上的网络思想政治教育。随着大数据时代和互联网时代的到来，高校学生在网络空间的课余时间越来越多。这不仅改变了他们的学习方式，也影响了他们的生活方式。互联网功能颇多，受众面广，高校学生参与度高，也为高校思想政治教育提供了新空间，但我们也要认识到当前教育方法存在的问题，利用大数据优化与创新教育方法。

首先，我们可以利用大数据创新网络思想政治教育平台，以提升资源管理能力。网络空间是教育的新领地，我们可以利用其便捷性来打造网络教育平台，开创教育的新方式。当前，网络思想政治教育资源分散，缺乏整合性平台，教师队伍可以利用互联网和大数据的高速度和海量性特点，将思想政治教育相关素材上传至共享网络平台，提升资源的共享性。同时，我们可以依托大数据技术建立学校网格动态管理系统，加强网络思想政治教育资源的整合及管理。

其次，我们可以利用大数据创新高校虚拟实践教育方法。虚拟实践教育法是在网络空间中，有目的有计划地组织引导学生参加各种形式的虚拟实践活动。我们可以利用大数据与网络媒介相结合，打造网络教育平台网站，开展多样的虚拟实践体验方式。例如，在了解教育对象关注的思想政治相关动态之后，我们可以利用大数据打造契合教育对象的特色主题栏目，组织教育对象参与其中，创新虚拟实践教育方式。

网络思想政治教育是新的教育阵地，利用网络平台可以拓宽教育的途径。

（四）利用大数据评估方法进行思想政治教育

1. 健全信息反馈机制

思想政治教育信息反馈过程是一种对教育情况进行检查和管理调控的过程，能够及时发现并解决教育过程中出现的问题。信息反馈主要有纵向职能反馈、横向大众反馈等。

我们可以利用大数据来完善大众传媒的反馈方式。传统的信息反馈方式可能无法将普通受教育者的思想反映到思想政治教育的决策者层面。然而，随着5G时代的到来，大众传媒的受众面越来越广，传播速度也迅猛提升。利用大数据的识别、筛选功能，我们可以对收集到的大量反馈信息进行分析和处理，为思想政治教育提供改进的依据。

此外，我们还可以利用大数据来完善民意测验的反馈方式。在学校教育过程中，民意测验反馈包括学生反馈、教职工反馈等方式。利用大数据对反馈表进行编码，分层统计信息，例如对本科一年级、二年级学生的反馈表编码，进而分别统计其反馈信息，提升信息反馈的精准度。但是，民意测验反馈方式具有较强的主观性，收集到反馈信息后，还需利用大数据结合其他反馈信息综合进行处理分析。

总体来说，利用大数据完善大众传媒反馈方式和民意测验反馈方式，可以提升反馈信息的效率，充分了解思想政治教育过程中存在的不足，针对问题及时调整教育方案。

2. 形成动态性评估方式

动态性评估是一种基于思想政治教育过程变化性的评估方法，有助于准确衡量教育效果。由于时间的变化会产生不同的数据信息，我们需要及时获取并分析这些信息，以便在整个变化过程中把握变化状态，为下一步的思想政治工作做好准备。

我们可以利用大数据动态记录个人的思想政治教育数据信息，包括个人的思想政治课学习数据、社会实践活动数据、志愿服务数据、违规违纪数据等。首先，我们可以将受教育者的思想政治教育过程进行分段，例如在一学期中，可分为前、中、后三个阶段。其次，我们可以利用大数据记录每个阶段的思想政治教育数据，包括各阶段的思想政治学习数据，以及重大事件和突发事件。最后，我们可以形成受教育者个体独有的思想政治教育数据库，通过大数据的可视化图像清晰呈现思想动态变化状况。

此外，我们还可以建立大数据动态评估系统。首先，我们需要动态搜集和整理数据。在不同的思想政治教育阶段，评估组织者和专家可以根据大数据记录的数据信息进行分类整理。其次，我们可以制定评估指标体系和权重系数。目前，《全国大学思想政治教育工作测评体系（试行）》从队伍建设、思想政治理论课等多方面对教育工作进行评估。最后，我们可以利用大数据综合处理评估数据，按照评估方案，采取大数据录入数据并设置比重，再由大数据算法进行运算处理，最终得出综合评估数据。

总而言之，利用大数据可以完善动态记录过程，提升数据准确性，形成客观科学的动态评估系统，从而提升思想政治教育的效果。

3. 完善评估体系

高校思想政治教育评估体系是一个不断发展、与时俱进的科学体系，在已经建立的良好的体系基础之上，我们仍需要进一步对评估体系进行整体性分析和动态性分析，以期形成全面、立体、科学的评价体系。

我们可以利用大数据来优化效能指标，这些指标包括高校思想政治教育的效果和效率。虽然其直接效果具有模糊性，难以进行精确的计量，但是我们可以利用大数据对教育对象的思想态度、认识水平、观念的变化进行相应的处理，用相对具体的指标来衡量教育对象的变化发展。同时，我们可以利用大数据对这些相对明确的指标进行综合分析，检测其是否能够真正评估受教育者的教育效果、是否符合思想政治教育的时代性要求。

我们还可以利用大数据来优化素质指标。素质指标是从教育评估对象承担各种职责或完成各项任务应具备条件的角度提出的标准。由于素质指标在不同的时代有不同的内容，因此它也需要不断完善和更新。我们可以利用大数据算法对现有的评估体系进行检测，检验素质指标是否符合当前高校学生的理论素质要求、思想作风素质等。如果当前的思想政治教育评估体系不适应时代发展，我们需要依托大数据及时更新，使思想政治教育评估素质指标符合时代要求。

综上所述，利用大数据技术及时对思想政治教育效能指标和素质指标进行检测更新、优化升级，得出思想政治教育过程评估客观数据，使其与时俱进、符合社会发展要求，进一步优化教育评估体系。

第三节　大数据视域下高校思想政治教育的队伍创新

建设一支"政治坚定、业务过硬、作风优良、专兼结合、功能互补、相对稳定"的思想政治教育工作者队伍，是实现高校思想政治教育创新的重要保障。

一、教育队伍创新是高校思想政治教育创新的重要载体

加强大学生思想政治工作质量是提高大学生思想政治工作成效的关键。在某种程度上说，高校思想政治教育创新集中体现在创新主体上，即要建立健全思想政治教育队伍，不仅要有足够的数量，还要有高水平的质量，高尚的师德、师风，还需要高校领导的重视和完善的思想政治教育设施，包括校园文化建设、社团活动、网络技术设施建设等。

（一）高校思想政治教育队伍状况

目前我国高校的思想政治教育工作者队伍，主要由思想政治理论课教师、辅导员政工干部组成。从宏观上看，我国高校的思想政治教育工作者队伍总体状况积极向上，从业人数不断增加；但从实际水平和影响力来看仍然比较薄弱，并且其作用的发挥往往又与教育主管部门的政策导向和高校领导的重视程度紧密相关。

1. 高校思想政治课教师整体素质较高，但与学生的交流不够密切

从思想政治理论课教师的总体情况来看，目前高校思想政治理论课教师队伍政治素质高，业务能力强。一是政治立场坚定。高校思想政治理论课教师队伍中，中共党员占绝大多数。一些还没有加入党组织的思想政治理论课教师也正积极地向党组织靠拢，政治上要求进步，思想活跃。二是态度积极。高校思想政治理论

课教师教学态度积极认真，在课堂上既注重学生知识的积累、能力的提高，又积极对学生进行思想政治教育。但是思想政治理论课的内容涉及的领域广泛，包括政治、经济、社会、文化等多个方面。这就要求教师具有广泛的知识和深厚的理论功底。然而，这也可能导致教师在授课时过于注重理论，而忽视了与学生的交流。一些学生可能对思想政治课持有偏见，认为这些课程与他们的专业学习无关，因此对这些课程的学习态度不积极，不愿意主动与教师交流。为了改善这种情况，思想政治理论课教师可以采用更加活跃的教学方式，如小组讨论、案例分析等，以增加教师和学生之间的互动；在保证课程内容的严谨性和科学性的同时，尽可能地将理论与实际相结合，使学生能够更好地理解和接受思想政治课的内容。还可以通过各种方式，如举办讲座、研讨会等，提高学生对思想政治课的认识，改变他们对思想政治课的偏见。三是能自觉运用现代化教学手段，采取不同的教学方式。四是能积极研究教材，探索适合学生的教学体系。教师的工作对象具有特殊性和多变性，他们的工作内容需要超前思考和创新。学生的成长需要教师的指导和示范。特别是对于高校思想政治教师来说，他们的思想政治素质和道德情操对青年学生的世界观、人生观、价值观的形成有着直接的影响。这对于人才培养的质量，乃至国家和民族的未来，都起到了至关重要的作用。因此，教师职业的崇高性和不可替代性不言而喻。

高校思想政治理论课教师在高校思想政治教育活动中起着关键的组织和实施作用，他们的影响力不容忽视。高校思想政治理论课教师的工作对于提高高校思想政治理论课程的实效性，帮助高校学生树立正确的世界观、人生观、价值观，推动中国特色社会主义的发展具有深远的现实意义。此外，其他学科的教师、辅导员和政工干部的政治素质和职业素养也在很大程度上影响着学生的世界观、人生观和价值观。

2. 高校辅导员队伍不断健全，但总体水平有待提升

我国高校辅导员队伍的建设历史悠久。早在革命战争年代，我国就借鉴苏联的经验，在抗日军政大学设立了政治指导员制度。中华人民共和国成立后，党和国家高度重视教育，特别重视高等学校党的领导和思想政治教育工作。政治辅导员的人数比例、选拔条件以及主要任务都有明确的规定。政治辅导员是学校的专职思想政治工作者，其工作是在党委的领导和团委的具体指导下进行的。近年来，受高校扩招和辅导员职数规定等因素的影响，辅导员队伍人数明显增多。一些非

思想政治教育专业的学生也加入了辅导员行列。他们虽然具有扎实的专业知识，但对教育学、心理学、思想政治教育等学科了解不多，这在一定程度上影响了辅导员队伍的专业化发展。同时，辅导员队伍自身的发展动力不足，部分辅导员对自身工作职责的理解不清。他们不清楚自己是大学生思想、学习、工作、生活等方面的"引路人"的职责。许多辅导员将对大学生进行思想政治教育纳入日常的党务工作和教学工作之中，从而削弱了对高校思想政治教育的力量。

（二）创新思想政治教育队伍的必要性和紧迫性

在经济全球化和信息多元化时代，高校并非与现实生活隔离的孤岛，社会的发展信息、风尚、不正之风等都会对学校产生影响。但是作为传授知识、培育人才场所的学校和作为教育实施者的教师，对社会上的各种不正之风和歪风邪气必须有明确的判断和正确的引导。

因此，我们认为，在创新思想政治教育方法的时候，更需要推动思想政治教育队伍的创新。我们要打破仅将思想政治理论课教师、辅导员、党务政工干部视为思想政治教育实施者的狭隘观点，将所有学科的教师和管理人员都纳入实施思想政治教育的主体中，全面提升教育实施者的政治素养和职业技能。我们还可以将素质模式融入教师的绩效管理系统，以素质模式为基础，进行教师的绩效评价；还可以将胜任能力模型应用到教师的培训中，使培训的内容不再局限于知识和技能，而是包括教师的动机、价值观、社会角色等，使培训更具针对性和实效性。

我们需要建立高校思想政治理论专业师资队伍，以政治态度为首要任务，严格把控师资队伍的政治关口；建立新入职教师宣誓、网上定期登记等制度；要对教师进行严格的管理，如果他们在政治原则、政治立场和政治方向上不能与党中央保持一致，或者他们的理论素质和教学水平达不到相应课程要求，那么他们就不能继续担任思想政治理论课教师。各高校要根据思想政治理论课教师岗位的实际情况，合理确定选聘条件，强化后备人才储备，充分保障思想政治理论课的教学和科研用人需求。从创新发展的角度看，高校思想政治教育创新对思想政治教育工作者提出了更高的要求，主要体现在以下几个方面。

1. 过硬的思想政治素质

高校思想政治教育工作者需要具备基本的思想政治素养，即善于运用马克思主义理论和方法，保持头脑清醒、方向明确，能够准确理解和解决各种实际问题，同时还需有能力进行有力的错误倾向批判。要理解辩证唯物主义和历史唯物主义的基本理论，就必须铭记主观和客观相互作用的原则，全面考虑事物的复杂性，重视历史、阶级和人民群众的角度实践经验。我们应积极探索科学化的方法，以满足当下高校思想政治教育工作的需求，并制定符合科学原则的思想政治工作计划和方案。具体而言，包括以下几点：第一，坚持民主的风格，尊重大学生，寻求他们的支持和合作，勇于征求他们的意见，并善于将他们的智慧凝聚在一起，实现教育与自我教育的有机结合。第二，在工作中，我们要坚持原则，明辨是非，对不良倾向敢于斗争，能够真诚地批评别人的缺点，并对自己进行客观公正的评价，同时不断总结经验教训，虚心接受批评。第三，我们要具备严格的自律作风，以身作则。这就要求我们率先践行，并且不做那些我们要求大学生不要去做的事情。第四，我们要勤俭节约，专心致志，努力学习，拥有奋发向上的精神，以及决心坚定、不屈不挠的毅力，这些都是艰苦奋斗作风的重要特征。

2. 高尚的道德素质

教师的职责是传授知识，教授技能，并解决学生的疑惑。教师在授课时应重视言传身教，不仅要传授知识，还要在教育过程中注重学生人格品质的培养。教师作为思想政治教育的主要承担者，有着使学生成长为真正的人的历史责任。由此可见，思想政治教育是一项至关重要的工作，对于从事这项工作的教师来说，他们的职业道德素质要求更为严格。第一，要对本职工作充满热情，严谨认真。高校思想政治教育工作者应该始终保持对本职工作的热爱，带着抱负、责任感和高涨的工作热情，为收获有意义的成果而努力。在面对大学生这个群体时，他们应该把工作看作一项极其重要的责任，勤勉务实，用无私的付出和辛勤的努力打造明天的精英。第二，主动贡献，而不是过分关注收益与损失。高校思想政治教育工作主体应该以党和人民的利益为出发点，而不是以个人或小团体的利益为出发点。第三，尊重人性，待人平等。对教育对象怀有深厚的情感和关注，关心大学生的精神文明、学术表现和职场成长，以及日常生活的各个方面。第四，彼此支持、以整体利益为重。在与其他高校的思想政治教育工作者合作时，应该尊重并支持对方的工作，积极配合对方的行动。

3. 高超的能力素质

有效实施思想政治教育需要将多种技能和艺术运用于工作实践，这些能力直接决定思想政治教育工作的效果。高校思想政治教育工作主体需要具备以下五种能力。第一，分析综合能力。分析能力是指系统性地研究其研究对象，对每个要素进行深入的定性和定量分析，以便从多样现象中找出本质要素。综合能力是指在分析研究对象的基础上，将其各个关键要素有机结合成为一个完整的整体，在掌握研究对象的全貌的同时，也能考虑到其各个关键要素之间的内在联系。只有掌握了分析综合能力的大学生，才能基于对大量事实材料的充分了解，深入领会高校思想政治教育的规律。第二，决策能力。决策能力是指具备良好的主观能动性，有能力思考并提出解决问题的方案，能够综合分析各种因素并做出明智的决定。一个人具有良好的计划能力意味着其能够将决策转化为具体行动，可以制定符合客观实际的工作目标，恰当选择适合的工作方法，并且合理规划和组织相关的思想政治活动。高校思想政治教育工作的有效性取决于科学合理的决策和计划。第三，组织协调能力。组织能力是指善于调动和培养核心骨干，并借助他们的凝聚力和带领能力来促进普通群众的参与和发展；协调能力是指擅长协调不同部门、主体之间的沟通与合作，促进思想政治教育工作与其他工作相互支持、并行发展，争取各方面的积极关注与支持，以推动思想政治教育工作的整体提升。高校思想政治教育工作者要顺利地执行科学决策和计划，必须具备组织协调能力。第四，传播沟通能力。文字、口语和身体语言是构成人们宣传能力的三个方面。文字方面的表达能力指的是能够运用适当的语言和组织结构，将思想、知识和信息以书面形式进行传达，包括但不限于通过报纸、书籍、广播、海报、文件等途径，用文字对受教育者进行影响和教育。语言表达能力是指能够运用报告、讲解、座谈、个别谈心等方式，以流畅易懂的语言有针对性地影响、说服受众。形象表达能力则是指能够通过电视、电影、图片、表格、艺术作品等形式，创造出具有感染力的艺术形象，从而达到影响大学生思想的目的。第五，掌握信息的能力。在当今经济全球化的背景下，思想政治教育者必须掌握使用现代网络信息技术的能力，才能及时全面地了解大学生的思想动态。换言之，网络技能已经成为思想政治教育不可或缺的组成部分。由于互联网的匿名性，大学生在网络平台上所表达的观点更可能反映他们真实的内心世界。因此，教育工作者需要时刻关注网络动态，及时回答和处理大学生提出的问题，并利用技术和法律手段防止有害信息在网络上传播。此外，教育者还需要为学生提供校园网络服务，并培育和引导他们在网上和现实生活中共同营造良好的思想政治教育环境，以确保掌握网络思想政治教育的主导权。

4. 坚强的心理素质

心理素质是思想政治教育工作者在思想政治教育过程中必须发挥作用的关键因素。思想政治教育工作者的创造性劳动在思想政治教育中扮演着重要的角色，是不可或缺的元素。在整个教育过程中，教育者发挥着主导作用。思想政治教育的成果直接受制于教育者的心理素质水平。思想政治教育工作者的心理素质在思想政治教育过程中起到重要作用，它使思想政治教育工作者能够冷静理智地观察到复杂现象背后的本质问题。以和谐为指导思想，处理社会中面临的各种状况，并加强对于人文关怀和情感调节方面的关注，倡导人们培养理性、平和、积极、健康的社会心态。高水平的思想政治教育从业者是保证思想政治教育有效落实的重要保证。教育者和受教育者的精神状态和心理状态影响着思想政治教育创新活动的效果。心理学领域更注重探究人的潜意识结构，通过对个人思维、情感、意志等方面的全过程进行干预和调控，为其接受思想政治教育提供有利的外在条件。心理分析的目的是从专业心理活动的角度出发，使主体保持良好的精神状态，为思想政治教育的有效开展提供支持。情感真挚是思想政治教育心理分析的基本内容之一。思想政治教育工作者必须具备真诚的情感才能够圆满完成本职工作。感情是随着我们对事物的认知逐渐形成的一种心理反应，是内在的情感体验。在人的成长与教育过程中，思想政治教育扮演着至关重要的角色，而人的情感的丰富多彩也是不可忽视的一部分。要做好思想政治教育工作，思想政治教育工作者首先必须对自己的工作充满热情，并保持真诚的态度。其次，对于受教育者应该给予真挚的关怀，主要表现在以下几个方面。其一，教育的基础在于爱，只有真诚地关心、关注、尊重和保护受教育者，才能获得受教育者的信任和敬重，以实现情感上的心灵交流和思想上的相互理解。其二，具备友善的品质。思想政治教育工作者必须具备良好的性格才能胜任这项工作。人的性格是一种相对稳定的心理特征，表现为其对待现实的态度和相应的行为方式，从而成为个性心理品质的中心。为了塑造教育对象良好的心理品质，思想政治教育工作者需要首先展现出一种豁达、开朗、乐观、冷静、理智、坚韧的精神风貌，而要做到这一点，需要具备优秀的性格素质。其三，对多个领域都感兴趣。思想政治教育工作者需要拥有广泛的兴趣，这是做好本职工作的基本要求。人们对某个事物产生的好奇心或对某种活动的热情，促使他们积极地参与或探索，这便是所谓兴趣。当对某种事物或活动产生兴趣时，个体通常会对它表现出积极的情感和态度。因为受教育者的兴趣范围十分广泛，为了更好地与受教育者接触，了解并提高教育效果，思想政治教育工作者需要培养优良的生活习惯和高尚的情趣，不断丰富自己的人格内涵。其四，有坚定的意志力。思想政治教育工作者必须拥有坚定的意志力才能够胜任自己的职责。意志是人们有意识地掌控自己行为的能力，能够克服困难并朝向既定目标不断努力的内在心理过程。它主要表现为掌控自己行为的能力。在迈向成功的道路上，任何企业或事业都会面临各种挑战和困难，甚至可能经历挫折和失败。思想政治教育工作者应该锤炼自己的意志力，勇于面对挑战和失败，树立顽强不屈、不断进取的意志素质，坚定地推进思想政治教育事业的发展。其五，具备创新精神。高校思想政治教育工作的顺利进行需要具备创新精神和创新人格这两个必要条件。在现今的高校思想政治教育领域，形势繁杂多变，从事这项工作的人需要具备开拓创新的精神和积极进取的品质，以适应时代发展需求，主动应对新情况和解决新问题。创新精神是指人在进行创造性工作时所表现出的素质，包括坦然面对风险和失败的勇气，勇于探索新的方法和途径，敢于尝试不同于常规的做法，并且能够识别、分析和解决问题。此外，创新精神也意味着善于从新事物中吸取新思维，将其转化为全新的创意，以应对具有复杂性和多变性的现实挑战。具备创新精神的高校思想政治教育工作者在事业探索过程中展现了积极的态度和精力充沛的风貌。通过注入创新精神，采用新的教育方式，高校思想政治教育工作实践活动的效果得到了显著提高。

二、大数据视域下高校思想政治教育队伍建设策略

（一）贯彻大数据理念

理念是行动的先导，要想有效地运用大数据，需要从树立大数据思维、注重数据之间的相关性、注重数据的整体性三个方面出发增强思想政治教育工作者的大数据理念。

1.树立大数据思维

思想政治教育工作者应树立正确的大数据思维，增强数据信息的敏感性。思

想政治教育工作者要在大数据时代转变自身传统的思维模式，树立开放的思维理念，强烈认同数据资源的价值，认可大数据在改善现有教育方法上的价值，同时对教育方式的创新有强烈的愿望，愿意破解思想政治教育工作中的低效能教育难题。思想政治教育工作者还需要注重培养自身的大数据处理能力，将大数据技术运用到思想政治教育中，从而不断提升思想政治教育的针对性、时效性、个性和前瞻性。

思想政治教育工作者要想树立大数据思维可以从以下几点做起：首先，思想政治教育工作者要注意关注网络上的新闻动态和时事热点，关注网络上的思想政治信息。在与学生谈论新颖的热点事件的同时，潜移默化地引导学生树立正确的价值观，这样的教育方式更易于被学生理解和接受。其次，思想政治教育工作者要扩大自己的信息来源渠道，加强自身的知识储备。思想政治教育工作者要学会在网络上通过多种方式寻找自己所需要的知识信息，积极探索、主动学习、实际应用，不断加强自身的数据素养。最后，思想政治教育工作者在具体的教学实践中不能再仅凭经验和直觉进行教育决策，而是要充分利用数据信息进行更为科学和客观的决策。大数据的统计和分析技术让跟踪、记录和分析学生个体的数据信息成为可能。思想政治教育工作者通过对学生的基础信息、学习行为、消费状况、社交行为的数据分析来获知学生个人的基本情况，了解学生的能力，发现学生遇到的问题，根据不同学生的不同问题提出有针对性的解决方案，全面深入地认识学生个体，实现对学生个体数据的全面把握，推动数据与教育的完美对接，促进学生的健康发展。

2. 注重数据之间的相关性

寻找事物的因果关系能够清晰地了解事物的本质，全面地把握事物。但是寻找事物的因果关系在客观上存在一定的难度。大数据时代，我们应冲破传统观念的限制，加倍注重事务之间的相关关系。深入研究事物之间的相关性可以使我们挖掘出一些看似无关的事物之间的联系，找到事物背后所反映的现象，探索出解决问题的更有效的方法。

在具体的工作中，思想政治教育工作者应注重相关关系，根据已知的数据来调整工作。例如：通过对学生校园卡消费情况的追踪，可以了解到学生目前的经济状况，以此来为学校助学金的发放、勤工俭学岗位的安排等提供依据，真正帮助到那些需要帮助的学生，减轻他们生活上的压力，使其能够全身心地投入学业当中；通过对学生图书借阅情况的数据分析，可以了解到学生所关注的热点问题和学生的兴趣所在，根据学生的喜好调整授课内容，增强教育工作的吸引力和感染力；通过统计学生参加的讲座、专题报告、读书会等文化活动，可以得知学生参与课外活动的情况，据此调整优化各类教育活动的组织形式，丰富活动内涵，激发学生的参与热情，扩大思想政治教育工作的影响力。

3. 注重数据的整体性

数据的整体性是指，从整体上关注数据，关注全体学生、学生全部过程的数据。将涵盖各个学生和全体学生各个方面的数据进行统筹管理，能够为各个部门的工作提供数据支撑，还可以了解学生思想行为的变化趋势，从宏观上把握学生的动向，为学生制定符合其发展方向的方案。

高校思想政治教育工作者关注数据的整体性时应该做到以下几点：首先，思想政治教育工作者要注重数据收集的整体性。过去数据信息处理技术较为有限，想要进行数据分析只能以随机采样的方式进行。现如今数据信息收集处理技术发生了翻天覆地的变化，思想政治教育工作者能够收集学生的全部数据来开展思想政治教育工作，能够在细节上对学生进行观察与分析。获取更多更全面的数据有助于从整体上把握学生的情况，对学生进行综合性分析，分析结果可以更接近学生的实际，从而提高思想政治教育的水平。其次，思想政治教育工作者要注重数据分析的整体性。全面收集学生的各项数据信息并不意味着在数据分析时也事无巨细。在大数据时代进行数据分析，思想政治教育工作者需做到既不被个别数据信息误导，也不遗漏重要数据信息。

（二）提升思想政治教育工作者的数据运用能力

思想政治教育工作者不仅要有扎实的思想政治理论基础，还需要具备数据运用能力。高校可以从强化对思想政治教育工作者的培训、引进大数据方面的专家两个方面着力提升思想政治教育团队的数据运用能力。

1. 强化对思想政治教育工作者的培训

目前思想政治教育工作者对大数据技术的掌握水平有限，学生在使用移动终端进行数据与信息的传播时，思想政治教育工作者如果不具备对海量数据进行处理和分析的能力，便无法获知学生的思想动态与行为数据，无法对突发事件进行精准判断与科学评价。

将大数据运用到思想政治教育工作中，需要思想政治教育工作者既懂得思想政治教育学原理、心理学等人文社科类知识，又懂得计算机信息技术、统计科学、云计算技术等自然科学知识，同时善于利用数据资源进行课件制作、课程内容拓展，善于将收集到的数据运用到教育教学实践当中，善于利用信息技术增强与学生之间的交流互动，建立合作探究型学习模式，优化教学方式。高校应注重对思想政治教育工作者的培训，增强思想政治教育工作者的数据敏感度，引导其认真系统地学习大数据理论知识及操作技术，培养其对海量数据的处理和分析能力。让思想政治教育工作者学会如何进行深层次的数据解读，挖掘数据价值，活用大数据技术相关理论，有的放矢地运用大数据来辅佐教育工作的进行，发挥大数据的效能来为思想政治教育工作提供强有力的数据支撑。

2. 引进大数据方面的专家

高校思想政治教育要以马克思主义、毛泽东思想、中国特色社会主义理论体系、习近平新时代中国特色社会主义思想为指导，还要利用大数据技术，为教育决策提供科学的指导。思想政治教育工作需要越来越多具备数据技术能力的专业人才。高校的思想政治教育工作人员主修专业大都为思想政治教育，熟悉学生的思想发展规律，但是运用数据技术的能力不足，因此需要大数据专业技术人才和思想政治教育工作者的通力合作。

高校应加强跨学科的交流与合作。大数据技术专家负责数据技术性的相关工作，主要包括数据的收集、存储和定时删除。由大数据技术专家将海量有价值的数据提供给思想政治教育工作者，思想政治教师在教学中有了更加丰富的教学资源，辅导员等管理者在管理学生时也能够根据技术人员给出的数据信息对学生的思想行为走向进行预测，对存在的问题进行有针对性的干预和引导，创新教育方式。大数据技术专家还可以根据实际情况搭建适合教育管理者使用的校园管理系统，切实提升教育管理工作的效率。此外，由于大数据技术最先应用于企业中，企业之中的大数据人才队伍相较于高校来说具有较为丰富的经验，高校可以与企业建立合作伙伴关系，利用大数据公司的人才协助高校教师使用大数据进行思想政治教育，帮助他们快速掌握大数据技术。

第四节　大数据视域下高校思想政治教育的管理体制创新

高校思想政治教育管理体制，既包括高校内部为实现思想政治教育的实效性而设置的组织机构和人员配备，也包括高校外部上下级的相互配合。从管理学角度来说，高校思想政治教育管理体制的创新就是要实现管理组织设置及人员搭配的合理高效、上下关系的协调一致，形成一种具备创新性且持续、高效运行的制度化、科学化的教育工作运行模式。高校思想政治教育管理体制创新研究促进高校思想政治教育工作创特色、出成效、上水平，对于提升高校思想政治教育工作的实效性和长效性具有重要的理论和实践意义。

一、高校思想政治教育管理体制与机制

（一）高校思想政治教育管理体制与机制的内涵界定

在管理学领域中，体制和机制是一对相互关联的概念。通常来说，体制反映的是一个组织结构内部的机构设置和权限分配等基本框架，而机制则包含了具体实施和运作的方式和方法。体制与机制之间存在密不可分的关系。国际上有时候用术语"组织结构""管理架构"以及"组织层级关系"等来表达相同的概念。

"机制"一词源自希腊语。随着现代物理学和生物学的不断发展，一些西方社会学家和社会主义者开始运用有机体理论来探究社会问题。例如，19世纪英国的社会科学家赫伯特·斯宾塞发表了"生物的有机体学说"。傅立叶运用有机体理论和方法来研究社会，将社会比作一个具有完整结构和各组成部分的功能的有机体，从而深入探讨了社会有机体的内部结构。马克思早期的作品中曾用"有机体"来比喻人类社会的运作机制。

在探究高校思想政治教育创新问题时，必须深入了解其管理体制与机制。可以这样说，思想政治教育的机制是由一系列制度、规章和措施构成的，旨在引导人们形成正确的思想观念和政治意识，以维护社会稳定和国家安全。在学术界，关于思想政治教育机制的内涵，目前存在不同的观点。一些学者专注于思想政治教育过程机制，认为这是内在关键要素在矛盾转化过程中有效地联系教育目标的方式。

众所皆知，思想政治教育是一个复杂的系统性工程，而高校思想政治教育同样如此。思想政治教育并不是由单个教育者独立进行的，而是需要众多组织机构和人员共同合作来实现的。高校不同层级和部门的机构和个人按照不同的职责分工，在整个过程中对高校学生进行影响，共同构成了高校思想政治教育的完整过程。高校思想政治教育管理过程，即高校内的党组织系统，以高校的思想政治教育目标为依据，依据相关规则，通过科学的管理手段，有意识地协调高校思想政治教育系统内外各种关系和资源（包括人力、财力、物力、时间和信息等），最大限度地提高思想政治教育效率并掌控管理的过程。

思想政治教育的体制和机制有着密切的联系，但二者也存在一定的差异。思想政治教育体制是指整个思想政治教育的机构体系，而思想政治教育机制则是在这个体系中运行的具体方式方法，它是确保体制得到有效实施的关键所在。通过完善和优化机制运行方式，在充分发挥体制作用的同时，也能够更好地推进思想政治教育工作的深入开展。当体制发生变化时，相关的机制也会做出相应的调整以适应变化的需求。同时，在机制适应变化的过程中，它们也会对体制产生影响。思想政治教育机制强调各个机构之间的协同合作和互动，注重具体实施方式和流程，并具有动态性，而思想政治教育体制则更侧重于机构和组织的层级结构和职能分配，且更多地关注机构和规章制度的建立和运行，具有稳定性和权威性。思想政治教育体制的重点在于规范具体结构关系、功能和制度，注重构建静态的制度和组织体系。思想政治教育机制和思想政治教育制度在某种程度上是相似的。思想政治教育制度是一套规范和行为标准，管理思想政治教育的主体和客体，确保他们的行为符合标准，并且规范、约束、调整思想政治教育活动，确保其可以平稳顺利地进行。相对于制度而言，机制更加灵活，并且具有更强的可塑性。因此，在实践中，思想政治教育机制可以更有效地展现思想政治教育的动态和效果。机制和制度是紧密关联的，制度是机制重要的组成部分，不可或缺，它的存在是为了保证机制能够运行得顺畅。一些被证实为有效和科学的机制在确定后变得具有制度性，成为制定新制度的参考依据。

（二）高校思想政治教育管理体制和机制的构成要素

1.管理主体

在管理实践中存在一个管理主体的问题，即谁具备一定的管理能力，承担相应的责任，进行相关的管理活动。高校思想政治教育的管理结构包含三个关键部分。第一部分是高级管理机构，该机构具有宏观视角，负责针对全校范围内的思想政治教育活动做出决策和指导。校党委等部门隶属于该机构。第二部分是中级管理机构，受高级管理机构的领导，按照自身职责对思想政治教育进行管理。它包括党委宣传部、组织部、共青团和学生处等各个部门。第三部分是基层管理机构，其职责为管理思想政治教育工作，并向高级和中级管理机构汇报工作情况。这个机构主要由各个系的党总支、学生工作办公室和团总支等部门构成。

2. 管理客体

管理客体，也就是管理对象，它反映的是管理什么的问题，是管理主体在管理过程中组织的、领导的、控制的、协调的对象。它始终以一种系统的形式存在。

高校思想政治教育管理主要是指思想政治教育实践活动的管理过程，它包含思想政治教育的规划、决策、实施、监督和评价等各个环节。

3. 管理方式

管理方式，也就是管理主体在管理过程中为了达到管理目的而采用的方法和措施。高校思想政治教育的管理手段有行政、法律、教育、心理等手段，它们相互补充，相互促进。

二、高校思想政治教育管理体制存在的主要问题

高校思想政治教育体制对于推动高校思想政治教育顺利展开、维护学校稳定和促进社会发展起着积极的作用。但是，随着时代的变化，也逐渐暴露出一些问题，主要表现为关系不顺、效率不高、覆盖面不全、活力不足等。

（一）关系不顺

顺畅的关系是体制正常发挥作用的前提条件。高校思想政治教育涉及党与政的关系、教与学的关系、理论与实践的关系、内容与形式的关系、意识形态与科学研究的关系以及校内与校外的关系等。下面主要介绍高校思想政治教育涉及的党与政的关系、教与学的关系、校内与校外的关系。

在党与政的关系上，高校内设机关部处、科研院所和二级教学单位的党政机

构都有约定俗成的分工，即党务工作者主要从事教职工思想政治教育工作，而行政工作者则主要抓业务工作。

在教与学的关系上，反映在教职工思想政治教育方面，表现为教与学的脱节。从教的角度看，教职工思想政治教育主要靠党的各级基层组织落实，但是一些高校党的基层思想政治工作往往缺乏对思想政治教育规律的把握，缺乏对党的知识和方针政策的科学研究和正确运用，内容上以传达上级精神为主，形式上以开会为主，手段上以讲话为主，方式上以"灌输"为主；从学的角度看，教职工多把接受思想政治教育视为例行公事、完成任务，不能真正解决问题，因此教与学无法真正对接，也就无法产生效果。反映在学生思想政治教育方面，表现为教与学在内容上的偏离。高校思想政治理论课教师大多没有比较丰富的社会实践经验，缺乏对社会感性的认识，也没有切实理解教学内容，因此显得空洞无物。而大学生却是一个对社会高敏感的群体，少数学生对社会了解的深度、广度可能更胜于教师，因此他们对教师教授的内容可能持排斥态度，显然也无法获得良好的教育效果。

在校内与校外的关系上，一些高校一方面缺乏对一些不好的社会现象的防护机制，造成学生思想政治教育的尴尬；另一方面，又没有建立起有效利用校外思想政治教育资源的体系，使得大量的校外思想政治教育资源闲置。

（二）效率不高

效率是影响一个系统或一个单位实际工作成效的关键，也是系统或单位内部组织状态与运行状态的表征。管理的一个重要功能是提高系统或单位的运行效能，这一般通过建立科学合理的体制来实现。就目前高校思想政治教育体制而言，还存在着效率不高的问题。

从教职工思想政治教育看，层次过多、环节复杂、相互推诿、敷衍塞责的现象时有发生。就教育的主体来看，上到学校党委及其职能部门，下到以教研室为单位建立的党支部，都直接担负着教职工思想政治教育的责任和使命。分层结构可以体现管理的层次感，但同时过多的层次也带来效率低下的问题：一方面，从思想政治教育的安排部署到具体组织实施，往往需要三个到四个层次逐级传达，很容易造成信息失真，组织实施可能不完全同步，同时由于教职工可以通过层级较少的部门率先获得相关信息，也容易抵消教职工对思想政治教育的热情；另一方面，分层结构也导致了责任的分散，部门和人员在遇到问题时容易相互推诿，难以找到问题的症结。

从学生思想政治教育方面来看，教育资源的配置还不够合理。从第一课堂显性教育来看，思想政治理论课具有很强的实践性特点，以短期社会实践的形式开展相对集中的教学活动无疑有助于增强教学实效，但是，严格的大纲、固定的教学形式不能提供教师个性化教学需要的条件，制约了第一课堂的教学效果；第二课堂的隐性教育是开展高校思想政治教育工作的有效载体，但是第二课堂活动往往要经过严格的、程序复杂的审批，而且场地、设备等资源往往分驻于不同部门，协调困难，因此，第二课堂活动往往缺乏创新性和多样性，教师组织的动力不足，学生参与的兴趣不高，活动的效果不佳。

（三）覆盖面不全

高校思想政治教育应该是涵盖校内所有师生员工的教育活动，思想政治教育体制也应对校内所有师生员工起作用。但是，目前高校思想政治教育体制却存在着重视学生、轻视教师、忽视校内非编制员工的倾向。

学生是思想政治教育的重点，对学生进行思想政治教育是高校发挥育人功能的客观要求，在师资队伍、教学内容、课时安排等方面都有强有力的保障。相对于学生而言，教职工的思想政治教育在内容上显得松散，在形式上更趋表面化。此外，对离退休教职工的思想政治教育有待加强。离退休教职工对学校的发展起到了历史性作用，并影响着学校现实的发展，与学校关系非常紧密，但是离退休人员由于年龄较大、居住相对分散、生活圈子相对狭窄，因此在思想政治教育的组织、内容的取舍、形式的选择上存在较大困难，而在实际工作中我们往往把工作重点放在离退休党员和特殊困难离退休人员上，普遍的思想政治教育活动很难开展开来。

从覆盖面来说，思想政治教育主要针对在职在册的教职工，而对于校内非编制职工却疏于教育。一是对合同工（主要是后勤）的思想政治教育。后勤合同工对学校基本教学生活秩序起着重要的保障作用，对他们的思想政治教育不可忽视。二是对校内农民工的思想政治教育。近年来，为加快发展，各高校纷纷加大基础设施建设力度，农民工成为校内的一个特殊群体，由于他们与学校不存在直接的管理与被管理关系，农民工群体中也没有普遍建立党的各级组织，所以农民工的思想政治教育处于学校和建筑公司两不管的真空状态。

（四）活力不足

体制持续发挥作用有赖于体制自身的活力。随着高校思想政治教育内外环境的变化，思想政治教育体制的活力逐渐下降，集中表现为无法充分调动和发挥思想政治教育实施者和接受者的积极性，思想政治教育的实效大打折扣。从思想政治教育的实施者来看，随着改革开放的逐渐深入，一部分高校思想政治工作者没有注意研究变化了的思想政治教育环境，对思想政治教育的重要性和必要性的认识产生怀疑，同时现实思想政治教育的效果不佳也使得他们对工作的成就感大大降低，部分理论工作者对思想政治教育事业缺乏责任感和使命感，在高校扩招的大背景下纷纷转投其他专业，造成了严重的人才流失；一些年轻的党务工作者不注意加强党的基本理论、基本路线、基本纲领、基本经验的学习，解决实际问题的能力还比较欠缺，群众威信不高，影响了工作的积极性。从思想政治教育的接受者来看，一部分人认为思想政治教育具有较强的意识形态色彩，容易贴上政治标签，只要自己不与政治挂钩，就没有必要接受思想政治教育，因此敬而远之；一部分人认为思想政治教育内容空洞，形式单一，不切实际，无法解决现实问题，再加之一些社会负面现象的影响挥之不去，因此对思想政治教育采取消极抵制的态度。

思想政治教育管理体制存在的上述问题不利于思想政治教育工作的顺利开展，不利于培养社会主义事业的合格建设者和可靠接班人，不利于构建和谐校园、和谐社会的良好氛围。为了解决目前高校思想政治教育管理体制面临的困境和问题，我们需要认真分析产生问题的深层次原因，找到问题的根源和症结，从而提出有效的改革措施和建议。

三、优化高校思想政治教育管理体制的对策

（一）建立健全思想政治教育沟通回应体制

在思想政治教育过程中建立沟通回应体制，有利于沟通交流观点和看法，通过回应解决实际问题，既可以发挥教育者的主导作用，又可以发挥受教育者的主体作用。但传统思想政治教育在沟通上存在着平台不多、渠道不畅、手段落后以

及沟通多回应少等不足，在回应时间上随意性大，在回应方式上简单模糊，因此必须创新思想政治教育的沟通回应体制。

建立思想政治教育的沟通回应体制，应注重以人为本，充分发挥受教育者的能动作用，通过耐心细致、充分尊重个人的沟通交流，不仅使双方建立一种和谐的人际关系，而且使思想政治教育工作更有针对性，交流渠道更加畅通，教育者回应力更加强烈，从而做到化解矛盾、理顺情绪、引导有力、未雨绸缪。

建立高校思想政治教育的沟通回应体制，要做好以下三个方面的工作：一是在制度上，首先要建立校领导联系院系、院系领导联系教研室、党员教师联系学生班级的制度，通过深入基层、深入学生班级，了解师生的思想状况，以收集信息，掌握情况，采取措施，对症下药；其次要建立值班领导"接待日"制度，尤其是校院两级领导要通过"接待日"了解师生个体需要或困惑，帮助他们疏导情绪，解决困难；再次要建立学生信息员制度，以班干部、入党积极分子为主体的信息员队伍能够把一切情况通过正常的途径及时传送到思想政治工作部门；最后要建立信息反馈制度，通过联系制度和值班接待制度以及其他渠道收集到的问题，一定要按规定程序在最短的时间内及时处理。二是在沟通渠道上，要特别重视发挥互联网的作用。要建立网上视频交流渠道，邀请校领导和职能部门相关领导定期或不定期地通过视频与师生面对面交流，讨论问题，提出解决方案或达成谅解等。三是在对象上，要特别加强对新职工、高学历职工、离异职工和离退休职工等的心理救助。通过开设心理课程、讲座等形式对教职工进行心理健康教育，帮助他们掌握基本的心理知识；通过开设心理咨询热线等形式解决他们的心理问题；还可以建立心理宣泄室，让他们发泄心中的情绪，促进心理健康。

（二）建立健全大数据舆情预警机制

数据信息是预警的基础，准确及时地获取数据信息是预警的前提。传统高校思想政治教育预警机制多采用访谈、问卷调查、个人汇报等方式对学生的信息进行收集，这种传统的信息获取方式效率较低且容易受到主观因素的干扰，加之部分高校对学生舆情事件的处理存在一定的滞后性，等事件发酵到一定程度后才进行控制和解决给高校师生带来一定的负面影响。凡事预则立，不预则废。对学生进行思想预测是实现思想政治教育科学化的重要前提。学生在网络上留下的数据和在现实生活中的信息足迹展现了其当下的思想状态，通过对学生数据信息进行监测能够更加了解学生的状况，发现学生在思想和行为方面存在的问题，为思想政治教育预警机制提供数据支撑。

对网络舆情进行监督和疏导需要高校着手建立一个系统的机制。首先，教育工作者需要净化网络空间，传播正面信息，删除负面舆情。教育工作者应强化自身的信息解读能力，全面看待网络中的信息，多传播积极向上的信息。其次，要切实提高学生的认知水平，加强对学生网络安全意识以及自我保护意识的培养，开设网络安全方面的教育课程，举办网络安全文化活动，注重对学生进行思想的引导。再次，教育工作者通过了解学生的思想变化过程和特点，判断学生近期的思想状况，引导学生朝着积极正面的方向发展。教育工作者可以对校园网站、贴吧、论坛、班级群等学生言论聚集地进行监测，这些平台数据信息量大、实时性强，通过对这些平台信息的收集和整合可以获知学生近期整体的舆论动向，对舆论进行初步的了解，有效地引导舆论走向，对舆情危机进行及时的处理。维护高校稳定和谐，保证学校教育工作顺利进行。最后，高校应注重对学生的道德教育，增强其自身的法治意识、政治意识，加强其自律行为，使其对网上的信息有自我辨别的能力，树立正确的道德观念。

（三）建立健全大数据心理辅导机制

首先，运用大数据可以建立线上线下双向互动的教育模式，教育工作者可以运用网络这个信息交流平台全方位地倾听学生的需求，满足学生的需要。还可以借鉴心理健康辅导的经验数据，提高教育者的工作水平。其次，运用大数据健全学生心理档案数据库。高校需要重视学生信息的收集挖掘工作，动员各主体收集各类数据纳入数据库之中，然后将数据进行整合，分析出每个学生不同的心理状态，从而有根据地开展学生心理危机的预防和干预工作。最后，明确各方主体的责任与权利，号召各类主体既善于挖掘数据又注重保护个人隐私，既进行数据共享又防止数据滥用，保障学生个人信息安全，促进学生心理健康发展。

（四）建立健全大数据教育评价机制

首先，新时代的教育评价机制应由定性评价转向定性评价与定量评价相结合。纵向上，将学生从入学到毕业的各种数据信息进行收集和分析，挖掘其中有价值的信息，据此对学生的个人成长进行评价。横向上，依据全体学生表现的平均值设立评价标准，对全体学生中表现优异的给予奖励，略有不足的进行帮扶。运用数据思维促使整体工作更加精准、客观、科学。

其次，在大数据时代，教育者可以根据学生的数据信息了解学生的思想动态。通过使用云计算和可视化工具进行大量数据的收集和深度分析工作，挖掘学生的个性特征，对学生的思想信息进行多角度全方位的获取。对比以往的调查、谈话、走访等形式，利用大数据不仅使工作效率显著提高而且可以了解到学生思想行为背后的深层原因，有根据地对学生的行为表现进行科学的评价，从而更好地开展思想政治教育工作，提高思想政治教育评价机制的全面性和科学性。

参考文献

[1] 谈娅.新时代高校思想政治教育创新研究［M］.重庆：西南师范大学出版社，2021.

[2] 张锐，夏鑫.大数据时代高校思政工作创新研究［M］.北京：北京工业大学出版社，2020.

[3] 徐原，陆颖，韩晓欧."互联网＋"时代高校思想政治教育创新研究［M］.2版.秦皇岛：燕山大学出版社，2022.

[4] 陈兆河.高校思想政治教育创新研究［M］.北京：九州出版社，2018.

[5] 王龙.和谐校园与高校思想政治教育创新研究［M］.北京：九州出版社，2018.

[6] 赵平，吕洛乐，韩冰.大数据时代高校思想政治教育创新研究［M］.长春：吉林文史出版社，2018.

[7] 郑纳.新媒体环境下高校思想政治教育创新研究［M］.北京：新华出版社，2018.

[8] 马俊平.高校思想政治教育和创新创业教育协同育人研究［M］.北京：中国水利水电出版社，2018.

[9] 路丽梅，范继.大数据时代高校思想政治教育创新与探索［J］.食品研究与开发，2023，44（2）：239-240.

[10] 吴程程.大数据时代高校思想政治教育工作创新研究［J］.鄂州大学学报，2022，29（6）：23-25.

[11] 顾相君，孙芳，刘瑶.大数据时代下高校思想政治教育创新路径研究［J］.哈尔滨学院学报，2022，43（6）：125-127.

[12] 李玉玲.大数据时代高校思想政治教育模式创新研究［J］.办公自动化，2022，27（9）：33-35.

[13] 郑洁.大数据时代高校思想政治教育创新研究［J］.吕梁学院学报，2022，12（1）：70-72.

[14] 钟家伟，蔡丽华.大数据时代高校思想政治教育创新研究综述［J］.西部学刊，2021（20）：84-87.

[15] 王琳.基于大数据时代"智慧校园"背景下的高校思想政治教育创新模式研究［J］.发明与创新（职业教育），2021（2）：13-14.

[16] 陈坤，李佳.大数据时代背景下高校思想政治教育创新研究［J］.思想政治教育研究，2021，37（1）：120-123.

[17] 李淑梅.大数据时代背景下高校思想政治教育创新研究［J］.改革与开放，2020（18）：72-75.

[18] 张文明.大数据时代高校思想政治教育创新研究［J］.文化创新比较研究，2018，2（1）：1.

[19] 田文雅.大数据时代高校思想政治教育创新研究［D］.南京：东南大学，2021.

[20] 杨晓雪.大数据时代高校思想政治教育模式创新研究［D］.沈阳：沈阳航空航天大学，2020.

[21] 周静.大数据时代高校思想政治教育载体创新研究［D］.兰州：西北师范大学，2020.

[22] 王炜炜.大数据时代高校思想政治教育创新研究［D］.秦皇岛：燕山大学，2019.

[23] 骆小丽.大数据时代高校思想政治教育模式创新研究［D］.赣州：江西理工大学，2019.

[24] 刘杰.大数据时代高校思想政治教育创新研究［D］.长沙：长沙理工大学，2018.

[25] 冯锐姿.大数据时代高校思想政治教育创新机制研究［D］.沈阳：沈阳农业大学，2018.

[26] 郁高清.大数据时代下高校思想政治教育创新探究［D］.北京：中国石油大学，2017.

[27] 卢娇娇.大数据时代高校思想政治教育方法创新研究［D］.西安：陕西师范大学，2016.

[28] 魏俊松.基于大数据思维的高校思想政治教育创新研究［D］.长沙：长沙理工大学，2021.